中国工运史料丛书 002

第一次全国劳动大会史料汇编

中国工运历史研究出版中心
全总工会理论和劳动关系智库基地（文献资料中心） ◎ 编

中国工人出版社

图书在版编目（CIP）数据

第一次全国劳动大会史料汇编／中国工运历史研究出版中心，全总工会理论和劳动关系智库基地（文献资料中心）编.—北京：中国工人出版社，2023.8
ISBN 978-7-5008-8219-0

Ⅰ.①第… Ⅱ.①中… ②全… Ⅲ.①中华全国总工会—代表会议—史料 Ⅳ.①D412.3

中国国家版本馆CIP数据核字（2023）第160775号

第一次全国劳动大会史料汇编

出 版 人	董　宽
责任编辑	李　丹　辛琳昊
责任校对	张　彦
责任印制	栾征宇
出版发行	中国工人出版社
地　　址	北京市东城区鼓楼外大街45号　邮编：100120
网　　址	http://www.wp-china.com
电　　话	（010）62005043（总编室）
	（010）62005039（印制管理中心）
发行热线	（010）82029051　62383056
经　　销	各地书店
印　　刷	三河市东方印刷有限公司
开　　本	880毫米×1230毫米　1/32
印　　张	5
字　　数	107千字
版　　次	2023年12月第1版　2023年12月第1次印刷
定　　价	40.00元

本书如有破损、缺页、装订错误，请与本社印制管理中心联系更换
版权所有　侵权必究

编辑出版说明

中国工人运动史料是中国共产党红色资源的重要组成部分，也是中国工运独具特色的精神财富，具有重要的研究和借鉴价值。2021年，中国工人出版社启动"工藏：中国工运史料文库"融合出版项目，倾力挖掘、搜集和整理中国工运历史资料，并将在2025年中华全国总工会成立100周年之际，同步推出史料文集、线上平台和数据库等不同形态的成果。先期出版的中国工运史料丛书，专题汇编较为重要的中国工运史料，是这一融合出版项目推进过程中的阶段性成果。

首批推出的中国工运史料丛书共7卷，分别为《历次全国劳动大会文献汇编》、《第一次全国劳动大会史料汇编》、《第二次全国劳动大会史料汇编》、《第三次全国劳动大会史料汇编》、《第四次全国劳动大会史料汇编》、《第五次全国劳动大会史料汇编》和《第六次全国劳动大会史料汇编》。以这样大的规模完整推出新民主主义革命时期历次全国劳动大会的文献和史料，在中国工会历史上还是第一次。编辑出版过程中，一方面补充了过去未曾收集到的大会文献，另一方面收录了文电文稿、报刊报道和亲历者回忆等珍贵史料，并且逐一进行溯源考证，让这一出版成果更具历史价值。

此次出版的全国劳动大会史料汇编，除《历次全国劳动大会文献汇编》外，其他6卷在体例上统一分为"大会文献"、"文电文稿"、"报刊报道"和"附录"四部分。"大会文献"包括历次全国劳动大会发布的正式文件，包括中国共产党给大会的贺信、会议开幕词、报告、决议、章程、选举结果、闭幕词、宣言等。"文电文稿"包括与历次全国劳动大会有关的文电和文章，即以大会名义或中华全国总工会、中国共产主义青年团等其他团体所发电文，以及工运领袖对大会的综述等。"报刊报道"包括当时各报刊对大会相关动态的报道和评论。"附录"在汇编会议历史背景资料的同时，也收录了部分大会亲历者的回忆文稿。

最大限度地保存历史原貌，这是中国工运史料丛书的编纂原则。各类文字严格限定原始资料，并尽可能追溯最早文本，部分资料依照最新权威版本做了订正；回忆文章严格限定亲历、亲闻、亲见，不用后人编纂的文章；对原始资料文本逐字逐句考证，除改正明显错字、错排内容外，均保留原文，包括当时的混用字；原文有漏字或空白处，只要不产生阅读歧义，均不做推测、填补，以"□"代之。需要读者注意的是，在当时的历史条件下，有些话题的表述与今天或有不同；有些名称、数据亦不统一，为保存史料原貌，我们在编辑过程中未做修改，均保留原样。

历史资料浩如烟海，很难尽善尽美。如若发现编纂错讹或有新的史料补充，竭诚期待告知编者（grcbsgz@126.com），以便今后修订增补。

《第一次全国劳动大会史料汇编》

主　编

张　刃

副主编

蒋佩轩

学术编辑

李　丹　王功彬　刘　旭　辛琳昊

数字编辑

吴　倩

目　录

大会文献

中国劳动组合书记部关于召开第一次
　全国劳动大会的通告 ·················· 003
罢工援助案 ···························· 005
八小时工作制案 ························ 007
全国总工会组织原则决议案 ················ 008
湖南劳工会黄庞二先生被杀案 ·············· 010
订定中国劳动歌及劳动旗帜案 ·············· 011
尊重劳工节及惩戒工界虎伥案 ·············· 012
组织全国人力车伕联合会案 ················ 013
规定第二次全国劳动大会案 ················ 014
第一次全国劳动大会宣言 ·················· 015

文电文稿

第一次全国劳动大会筹备处启事 ············ 021
工团对全国劳动大会提案 ·················· 023
劳动界提议拥护新政府 ···················· 025
对于全国劳动大会的希望 ········ 李　达　027

中国共产党的发展及其使命（节录）……………蔡和森 031
全国劳动大会（节录）……………………………陈 达 032
中国劳动运动之史的发展（节录）………………高振青 033
第一次全国劳动大会…………………………………… 035
第一次全国劳动会议………………………………马超俊 037

报刊报道

全国劳动大会之发起……………………………………… 043
广州将开全国劳动大会…………………………………… 045
全国劳动大会将在广州召开……………………………… 046
全国劳动大会讯…………………………………………… 047
赴全国劳动大会代表踊跃………………………………… 048
劳工会举五一节代表（芜湖）…………………………… 050
又一批劳动大会代表赴粤………………………………… 051
工界欢迎各省代表之筹备………………………………… 052
工界举行劳动节预志……………………………………… 053
工团派员参与全国劳动大会……………………………… 055
劳动界"五一"节开会议………………………………… 056
今日广州之全国劳动同盟会……………………………… 057
劳动节之空前大会………………………………………… 058
全国劳动大会已开幕……………………………………… 062
全国劳动大会二日活动…………………………………… 066
全国劳动大会开会纪……………………………………… 067
中华工会欢迎劳工代表…………………………………… 068
全国劳动大会第三日开会纪……………………………… 069

广州"五一"见闻录 ·············· 遂　石　070
广州工界庆祝"五一"纪念 ················ 073
国民党粤支部欢迎劳动代表 ·············· 075
全国劳动大会经已闭会 ················· 077
全国劳动大会之新闻 ·················· 082
全国总工会之组织 ··················· 084
空前的全国劳动大会 ·················· 085
中国社会主义青年团第一次全国大会纪略（节录）······ 090
以往五次全国劳动大会概述（节录）
　　·················《东北日报》资料室　091
中国六次劳动大会简述（节录）············· 093

附　录

上海、广州、武汉、长沙应进行之工作 ·········· 097
职工运动黎明期（节录）············ 邓中夏　100
中国第一次罢工的高潮············· 邓中夏　104
第一次全国劳动大会及劳动立法运动 ······ 邓中夏　123
中国劳动组合书记部成立前后 ········· 包惠僧　133
中国工人阶级第一次大团结 ·········· 刘达潮　138
第一次全国劳动大会和社会主义青年团
　　第一次代表大会（节录）········· C.A.达林　140

大会文献

中国劳动组合书记部关于召开第一次全国劳动大会的通告[*]

全国各工人团体钧鉴：

顷接各处工会来函，主张"五一"纪念节在适宜地点召集全国劳动大会，以志盛典，且可以联络全国工界之感情。本书记部亦认为有举行之必要，特拟就宗旨及办法列后，请贵团体选派代表一人，持贵团体选派证书，如期赴会为荷！

（一）开会宗旨：

（甲）纪念"五一"节；

（乙）联络全国工界感情；

（丙）讨论改良生活问题；

（丁）各代表提议事件。

（二）每一工团要派代表一人。

（三）时间：五月一日起开会五天。

（四）地点：广州市。

（五）川资由各团体自备，在广州膳宿费由书记部供给。上

---

[*] 本文原载一九二二年四月二十二日出版的《申报》第一万七千六百五十七期。

海招待处在英界北成都路十九号本部。

（一九二二年四月九日）

（依照人民出版社 2022 年《中国共产党重要文献汇编》第二卷订正）

罢工援助案*

提案人：中国劳动组合书记部代表李启汉。

理由：现在我国劳工运动，尚在幼稚时代，能力薄弱。平时既受不正当势力压迫，在罢工时候，尤受资本家欺蔑；非我工人本互助精神，互相援助，必无胜利希望。故工人无论在何地罢工，应当设法援助，以达我工人牺牲奋斗、自求幸福的目的。

办法：

（一）凡遇某地某工会发生罢工时，应设法通知全国各工会；或即以现在的中国劳动组合书记部担任通讯义务。

（二）凡某工会知道别处有罢工事情发生时，即通知各会员干下列各事：

甲、一处罢工，所有工人均不得受该处东家之雇请；

乙、派人慰问，或通信慰问；

丙、派人帮忙办理事务；

丁、捐助经费以维持罢工伙食；

戊、如东家势力强大，不易压服，则举行相当程度之同

---

* 本文原载一九二二年五月二十五日出版的上海《民国日报》第二千二百六十五期。

情罢工。

（依照人民出版社2022年《中国共产党重要文献汇编》第二卷订正）

八小时工作制案

提议人：中国劳动组合书记部代表李启汉。

理由：八小时工作制，在英国十八世纪早已实行，欧战后华盛顿国际会议亦议决采用，于是欧美各国，一致实行，澳洲且有嫌八小时工作太多要求六小时工作者，则吾人要求八小时工作制，可知亦非过分，吾国工作甚至十二时、十三时以上，终日劳动不休，如同牛马，可痛孰甚，故吾人非努力奋斗，达到八小时工作不可。

办法：

（一）以本会名义要求大总统明令规定。

（二）如各东家不遵依此制，一律采取同盟罢工手段，务期达到目的为止。

（三）女子及小童每日不得满八小时工作。

（《广东群报》，1922年5月8日，第六版）

全国总工会组织原则决议案[*]

提案人：长辛店京汉路工人俱乐部代表邓重远。

理由：工人阶级争斗力之强弱，全视工会组织法之良窳而定。比如工会是由一种职业的工人所组织而成，则罢工运动每至一行业的工人陷于孤立，而容易失败。产业组合则不然。把一种产业中的各种工人联合于一个工会之中，则争斗力就异常雄厚。故我们组织工会，应当以产业组合为原则，但确实不能采用产业组合法的各种职业的工人，则仍不妨沿用职业组合法以为着手之起点。又，我们工人希望将来有真正的全国劳动总组织出现，则必首先组织每个地方所有的工会（无论是职业组合或产业组合），而成为一个地方的劳动联合会，将来更由各地方劳动联合会组成全国总工会，则工会的组织，就上真正的轨道，成为一个铁样的团体了。

办法：

（一）凡能采用产业组合的，都应一律采用产业组合法去组织工会。

（二）确实不能采用产业组合办法的，不妨用职业组合。

（三）务必将每个地方所有各产业组合和职业组合的工人，将来由各地方联合会组成全国总工会。

---

[*] 本文原载一九二二年五月二十五日出版的上海《民国日报》第二千二百六十五期。

（四）在全国总工会未成立以前，先设一全国总通讯处，委托中国劳动组合书记部担任。

（依照人民出版社2022年《中国共产党重要文献汇编》第二卷订正）

湖南劳工会黄庞二先生被杀案

和议人：湖南劳工会代表张理全。

理由：关于黄庞二先生为赵恒惕所惨杀事，我想我们工人未有不痛恨的，所以在这个大会里为诛讨民贼计，为保障工人计，都应该有相当的表示。同时海员代表苏兆征，报告海员被香港政府惨杀事，要求与黄庞二先生有相当的表示，于是众通过下列通法：

（一）表示：关于黄庞二先生事，用本会名义通电全世界表示此事。

（二）纪念：

（甲）定于本年一月十七日为黄庞二先生牺牲纪念，是日全国劳动界休息一天，开会纪念。

（乙）定每年三月某日为被杀海员诸先生牺牲纪念日，与黄庞纪念日同一办法。

（《广东群报》，1922年5月9日，第六版）

订定中国劳动歌及劳动旗帜案

提议人：唐山京奉路机务处同人联合会代表。

理由：从略。

办法：

（一）众定由秘书处将国际劳动歌翻译以中国文，作为劳动歌。

（二）由秘书处制定成，作为全国劳动界暂用旗帜，俟第二次大会追认为全国正式劳动旗帜。

（《广东群报》，1922年5月9日，第六版）

尊重劳工节及惩戒工界虎伥案

提议人：中国劳动同盟会沪总部代表谭竹轩。

理由：

（尊重劳动节）五月一日，乃劳工纪念，例应全国劳工休息，乃有一部分日工工友，于是日休息，则无工值，而苦于膳费无着，欲表同情而不得，此中苦困，应由本会函告全国工厂，一律于劳工节日休息，无论长工日工，照常发给工值，以济困难之工友。

（惩戒虎伥）我工友们既饱受资本家之压制，复受虎伥之欺凌，查各管工人爱惜工友者固不乏人，而借资本家淫威为虎作伥者亦复不少，每每有资本家所给工值十成，而管工者有种种剥削侵蚀，以图中饱者，及诸般苛待，罄竹难书，愿凡各管工之工友，有则改之，无则加勉，以后再犯者，应如何惩戒，请公定办法。

公决：

（甲）秘书处照办。

（乙）办法分三层，先警告，次宣布罪状，最后则以铁血对待。

（《广东群报》，1922年5月9日，第六版）

组织全国人力车伕联合会案

提议人：汉口人力车伕代表彭大汉。

议题：

（一）应推广组织各地人力车伕会并成立全国人力车伕会联合会。

（二）应通告各地车行嗣后车租只准减不准加。

（三）应警告各地车行嗣后不得殴打车伕，或重利揽剥车伕。

（四）应通告各地巡捕或警察嗣后不得鞭笞或虐待车伕。

（五）车伕为劳动界之最苦者，各地劳工团体应格外援助。

办法：公决应交中国劳动组合书记部设法执行。

(《广东群报》，1922年5月9日，第六版)

规定第二次全国劳动大会案

提议人:中国机器总工会代表邓汉兴。

理由:今次第一次全国劳动大会,虽不敢云有甚大成绩,惟全国劳动结合,渐有基础,从此努力做去,将必有完满的结果,故第一次大会之后,当然要规定第二次大会的办法,以免临时仓促。

办法:

(一)每年开大会一次,时间仍为"五一"。

(二)每次开□□开会即行规定下届开会地点。

(三)每次开会在未开会五个月以前,通信召集,俾一个月前交到提案。

(四)如全国总工会未成之前,仍由中国劳动组合书记部召集。

(五)大会筹备处改为大会事务所,职务自筹备至所有会务完全结束为止,且于会期三个月前成立。

(六)明年会址系定在汉口,如有碍障,应由召集处通知。

(《广东群报》,1922年5月9日,第六版)

第一次全国劳动大会宣言[*]

全国男女工人们——弟兄们，姊妹们！

资本主义没有不是靠着剥夺工人们的血汗做养料的，他发展的过程，便是工人们受痛苦的过程。所以资本主义在中国发展的结果，使百余万的男女工人们集中在用机器的工厂里或各种企业里，变成一无所有的机器附属物。一班男女劳工在这种新式生产制度下面的工作状况，简直和牛马奴隶一样。所赚的工资，多半不能维持自己的生活；受饥受冻的劳工，随处都可以发现。

还有数十万的小孩子们，在这种制度下面，牺牲他们的康健，他们永不能得到受教育的机会。他们从极年幼的时候起，就变成资本家的新式奴隶。这些都是我们工人身受的痛苦。我们受了这些痛苦的经验，实在不得不使我们团结起来，共同向着东家奋斗；而且我们从此觉悟，这是救济我们的唯一道路。

因为工人们渐渐明白组织的重要，所以在中国各大商埠已是组织了一些工会，也有了一些为增加工资和改良待遇的罢工运动。虽然这些工会的组织和罢工运动，还只是一个工厂，一条铁路或是一个地方的举动，但是已能证明给我们知道，凡是组织或运动的范围较大的，一定得到胜利。尤其能够证明给我

---

[*] 本文原载一九二二年六月八日出版的上海《民国日报》第二千二百七十九期副刊《觉悟》。

们知道的，就是香港海员的罢工，这次罢工使我们知道工人们的确具有伟大的能力和工人们是必要有组织，而且使我们知道全国工人们非一致行动不可。从此我们也渐渐明白要是工人们只有公所和无意义的工会组织，是断断不行的，因为这种组织是不能够自卫，更没有反抗的能力。我们也渐渐明白工人们是不可容那些东家或东家的走狗加入工会里去，因为那些敌人们是会破坏我们这个阶级的团体。我们也渐渐明白工人们不可把我们自己分成什么广东帮、宁波帮、江北帮、天津帮等，因为这是使自己这个阶级互相分裂，断不能用这种"帮"的团体和资本家奋斗。

全国劳动大会慎重宣告全国男女工人们说：我们工人们决不要分地域，决不要分党派，决不要分男女老少，只要是赚工钱的工人们，都应该按照产业的分类法，组织在各种工会里；而且要把各地工人们按照产业组织的工会，联络起来，组织各种全国的产业总工会。即使一时不能组织成产业组合的工人们，也应该把他们的工会组织成一个纯粹工人阶级的团体，而且要弄成组织的范围较大和更有统系的团体。

全国劳动大会告诉我们说：我们组织工会并不是无意义的，也不仅仅是娱乐、教育或抚恤的机关，我们组织工会的目的，是要用我们这个阶级的组织力，做奋斗的工作，谋达到改良我们的状况。这次大会又告诉我们说：无论哪种或哪个地方的工人们对资本家的奋斗，都是我们这个阶级对资产阶级的奋斗；我们必定要互相援助，才能得到胜利。

全国劳动大会还告诉我们说：我们前面的敌人是很多的，国际帝国主义和本国军阀也是我们的敌人。他们时常压迫我们，杀戮我们的领袖，枪击我们罢工的弟兄，禁止我们的罢工，剥夺我们集会结社言论的自由。我们认定这些敌人一日不除掉，我们一日不能得到些微的自由。我们现在是须要这种自由的，而且我们不能忍受那种压迫和杀戮，所以我们要结合全国的农人，并与小资产阶级暂时联络，共同向着那些敌人奋斗，争得我们的自由。

还有一层，就是无论外国或本国的资本家，都是我们的敌人，无论哪一国的工人们都是我们的弟兄，因此全世界工人们的联合是最必要的。就拿香港海员罢工的事实来说罢，我们便知道各国资本家与中国资本家怎样联合着压迫我们工人们。但是因为中国海员和各国海员没有亲密的联络的缘故，所以在那次罢工中间有的外国海员是隔岸观火，有的外国海员还破坏中国海员的战线呢。但是资本家剥夺哪一国海员和一切的工人们都是一样的，我们工人阶级哪能坐视那些各国资本家联合着对付各国的工人们，而各国的工人们到不自己联合起来呢。所以全国劳动大会宣告要使中国工人们和外国工人们建立亲密的关系，共同向着全世界的资产阶级前进。

全国男女工人们！全国劳动大会第一次会议，是由各省各商埠各种工人团体代表共一百七十三人组织而成的，所代表的人数共三十四万余人。这个大会所说出来的话，都是个个工人所要说的话，这次大会所讨论的事件，都是全国工人们的切身问题。而且这次大会是在中国劳动运动史上第一次的会议，这是我们工人们组织力扩大的证明。我们相信以后我们的奋斗工作较前更易成功，因为这次大会已开了全国工人们联合起来的新纪元。

从前我们没有组织的时候，只好忍受种种的痛苦。我们现在有了团体了，全国工人们有了联络了，我们从此以后是再也不能忍受了。我们做工的时间太长了，我们再也不能为着资本家——我们的敌人——的利益来累死，我们宁可奋斗而死；我们再不能忍住我们的饥饿了；我们再不能让那些外国的或本国的监工们的手掌打到我们脸上；我们再不能看着资本家驱策那些亲爱的小孩子们死在机器旁边。我们决意也不让我们的自由完全被剥夺。所以我们要即刻联合起来，组成一个阶级的强固的紧密的阵线，向着资产阶级和压迫阶级为不断的奋斗，因为我们再不能不得到地位的改良和自由。

全国男女工人们！全世界的工人们和被压迫阶级是人类中间的最大多数，我们凭借的就是人多势大，人多势大的团体便是使我们成功的要素。所以我们极相信我们这个阶级是会得到最后的胜利的，将来的世界定必是无产阶级和被压迫阶级的世界。全国男女工人们！我们手携着手大踏步向前进罢！并且在我们前进的行列中，要高呼全国工人们联合起来，

全世界劳动者和被压迫人民联合起来，

共同向着资产阶级和压迫阶级前进呀！

（依照中央文献出版社2011年《建党以来重要文献选编》第一册订正）

文电文稿

第一次全国劳动大会筹备处启事

一

本处经于本月廿三日开第一次会议，拟定地点及办法并除外省各工团体由中国劳动组合书记部接洽外，所有本省各工人团体亦派代表一人出席，当经专函通知，恐调查未周或有遗漏，兹谨登报，请各工人团体各选派代表一人，于本月廿九日以前，用贵团体正式公函通知敝处，俾便招待，是所切盼。又全国劳动大会宗旨及办法经由中国劳动组合书记部拟定发出通告，现略有增加，兹录如下。

一、开会宗旨。

1. 纪念"五一"节。

2. 联络全国工界感情。

3. 讨论改良工人生活问题。

4. 各代表提议事件。

二、每一个工人团体派代表一人。

三、时间：五月一日起开会五天。

四、开会地点在广州市河南和珠社广州机器工人维持会。

五、川资由各团体自备，外省代表在广东膳宿费由书记部供给。

六、其余费用由各工人团体自由捐助。

上海招待处：上海英界北成都路十九号中国劳动组合书记部。

广东总招待处：素波巷十九号。

二

本处经已开始办事，每日下午三时至五时为办事时间，并因便利上，在本月廿七日以前即以素波巷十九号为临时办事处，廿七日以后即迁至河南和珠社广州机器工人维持会。谨此奉知。

（《广东群报》，1922年4月25日，第二版）

工团对全国劳动大会提案

联合通信社云,上海工商友谊会对于此次广州全国劳动大会业已派定代表关钰麟前往赴会。该会致函赴会代表授以提案云:

(一)劳动者承认政府问题。今次全国劳动之结合,足见劳动者之觉悟,将来自动地改良生活事件甚多,然必须由政府保障方能执行,故全国劳动者必须决定承认一政府。

(二)减少工作时间问题。我国劳动工作时间、工厂大都十二个钟点,商店之伙友服务自上午七时至下午十二时方得停市,至少需十五个钟点,星期日除工厂间有放工外,商店只旧历新年五天休息(仍须整理货物),其余统年统月毫无休止,且工人每晚得回家住宿,而伙友则不能如愿,如此不平之待遇实为世界所无,所以工人伙友间之减少工作时间必须讨论解决。

(三)劳动者增资问题。目前生活程度日高、百物昂贵,资本家之出品多获厚利,而购买消耗者多系劳动家。故资本家愈获利,劳动者愈痛苦。欲平均待遇,必须请政府命令各省实业工厂商店行号一律增加工资,免劳资家终日冲突,或有劳动者自行发表苦衷及要求需要请地方政府予以保障。

(四)劳动者教育问题。工人伙友,无受教育之机会,尽人皆无智识,以致国内工商实业不能发达,少数资本家、智识阶级能制服多数劳动者之死命。今后应提倡平民公众教育,由公款供给、免除学费。现制所谓大学中学，皆阶级制度之产儿，且继续产生阶级制度，吾劳动者应实力反对之。

（五）劳工参政问题。制限选举之制度，凡在劳工均无权参与，是为劳工者不啻剥夺公权之罪人，否则一亡国耳。故本会主张普通选举，不分劳资、不分男女，一律有选举被选举权，得参与一切政治，以尽职于国家社会，服务于公众。

（六）劳动者不可忘却国家观念。刻下劳动家有侈谈世界主义、打破国家观念者，须知吾华侨工到处有受排斥压迫之事，吾人若高谈世界主义、放弃中国国家，将来世界恐不能容吾人立足，故本会极不满意抱世界主义而忘却自己国家。

（七）劳动者无宗教及各种信教之关系。宗教为压制原始时代人民而设，使其害怕，方得服从，使活泼泼之脑筋一变为迷信之愚民，吾劳动者应自由勿信，但必须保守人格、尊重道德。

（八）打破买卖式之婚姻。刻下婚姻制度完全金钱作用，有金钱者一夫可得多妻，无金钱之劳动家往往终身孤独，青年男女或有恋爱，则父母阻之、乡党非之，非用买卖方式不可。吾劳动界亟应设法打破此种制度，以祈恋爱自由之实现。

以上八条本会之主张，请全国劳动代表讨论，以便使强有力之正式政府执行。立吾人之基础，享共和之幸福，即在此举。

（上海《申报》，1922年4月29日，第十三版）

劳动界提议拥护新政府

中华工会总会之议案

将交全国劳动会讨论

粤函云，全国劳动联合大会连日在广州开会，各处工团均有代表赴会，协商今后全国劳动之一致进行，各代表均纷纷预备提案交大会讨论，兹先将中华工会总会提案录下：

（一）组织永久全国劳动大同盟。劳动阶级解放，全靠劳动者自身来实行。自从万国劳动者团结起来，到如今已有七十余年。这时期内，工业先进国劳动团结日渐巩固。中国既有广州这次破天荒的劳动联合大会，就应该有永久的结合，组织一个全国劳动大同盟，作为劳动阶级解放奋斗的策源地，则此次大会召集饶有意义，方免空劳。

（二）普及劳工教育。我国劳工素乏教育，咎在政治不良，现在劳工神圣，世界公认，劳工自治责无旁贷。我工界急应普及教育，增加知识，发展技能，期以支配世界一切，则居衣食父母地位的，庶不致为被养者所轻视。其如何普及教育方法，急应全国工界之意见，共同讨论，藉收集思广益之效，庶免偏跛。

（三）组织工会法。民国初元袁氏私订新刑律，阻挠劳工运动，及擅自取消工商部之合并，国人莫不痛恨。客秋上海工团联合会议，曾经家鼐提议反对在案。幸广州新政府明达，突然废止袁氏罢工处刑一切不法新刑律，国人早已称快。现在我工界应有立法的运动，向合法政府请愿，还我工人自由，方合真理。西南政治标榜民治主义当易许可，至目下所急欲求者，约陈如下：（1）制定工会法，（2）制定劳工保险法，（3）制定工场法，（4）保护童工女工，（5）实行八时间劳动制。

（四）承认南政府为中央正式统一政府。我们工界鉴于世界潮流及国内经济状况，应承认孙大总统之三民主义为适合事理之主义，他所标举的平均地权及产业公有之办法，结果社会可得均平之分配，工人可不牺牲生命于资本家势力之下，故我们应承认现政府为足以代表劳工意见，我们应赞助之而承认为正式的中央政府。且各国工团有一个主义非单为应时势而设，我们工团标定主义者尚少，惟此次香港海员团体由个人参加国民党，可谓构成团体分子已有主义矣，然团体本身仍未确定，主义万难奏效。我们应认定民生主义为适合，拟各工团即明定为民生主义以便行动、有所标的，无分歧错乱之弊。

此上所提，乃家鼐一得之愚，是否有当，伏候公决。提议者：陈家鼐。连署者：中华海员工业联合总会代表苏兆征，广州茶居工会代表黎端，中华劳工同盟会沪总部代表谭竹轩，广东内河货艇工会代表董维，江西总工会代表胡占魁，上海焱盈社代表朱明江，均安水手工会代表朱宝庭，天津织工联欢会代表王爱真，上海纺织业工会浦东部代表王春鑫，山东济南城北纺织工会代表滕沛昌，湖南劳工会纺织工团代表唐薰琴，上海中华劳动联合会代表陈广海。（四日）

（上海《民国日报》，1922年5月11日，第三版）

对于全国劳动大会的希望[*]

李 达

据最近报纸所载，中国劳动组合书记部发起了一个全国劳动大会，召集全国各工会代表于五一节在广州开会，并闻已得南北各工会同意，大会决可按期举行。我知道这个消息，实在异常欢喜，我认为这是中国劳动界破天荒的举动，与一八六四年万国劳动者的大会有同样的重要意义，禁不住要在这里说几句话，并表出我对于这个大会的希望。我的希望可分以下几项。

一、要组织永久的全国劳动大同盟

"劳动阶级的解放，全靠劳动阶级自己来实行的"。自从"万国劳动者团结起来！"这一句标语传播于世界劳动者以来，到现在已经七十四年了。这时期内工业先进各国劳动者的团结，一天比一天巩固，因而资本阶级的命运也一天比一天促短了。中国劳动界既然感到有大联合的必要，举行这个大会，就应该有永久的结合，组织一个全国劳动大同盟，作为劳动阶级解放斗争的策源地，然后这次大会之召集才有意义。

---

[*] 本文原载一九二二年五月一日出版的《先驱》第七期。

二、各处工会要设法化除乡土观念

马克思说：劳动者是没有祖国的。同样，劳动者也没有省界的。世界上的人类只分为两大阶级，一是资本阶级，一是劳动阶级。所以人类用阶级来区别，而不用国界或省界来区别。劳动者若分地域的界限，劳动阶级便分裂了，分裂则势力减弱，就不能从资本阶级手里解放出来。中国工人乡土观念最重，大同团结最不容易。譬如上海，工人中分帮最多，所以总难结起团体来。又如此次海员罢工，工人中有不明大义者如宁波帮水手，他们竟甘心为外国船主利用即破坏罢工而不顾，其原因大概是乡土观念太重，以为海员罢工是粤帮水手的事，与己无干。殊不知这是大错了。像这种分地域界限的事很多，实是劳动界大团结的一个大障碍，望此次与会各工会设法化除了才好。

三、工人不要怕社会主义

近来各地工会有一个最大毛病，就是怕社会主义。这真奇怪，工人怕社会主义就永远免不了要做资本家的奴隶，什么事都完了。我常常听见有人说，有许多工会见了干劳动运动的人就指为过激派，不敢和他接近。过激派是反对资本家的，只有资本家怕他，工人为什么也害怕呢？过激派就是讲社会主义的人。社会主义是主张把现在资本家手里的一切工厂、土地、房屋、机器、原料都收归劳动者管理的。像这样以工人的利益为利益的人，工人还不欢迎，倒拒绝吗？工人若说社会主义马上难于实现，这是可以的，却至少不要害怕。这一点我很希望此次赴会各工会代表极力对自己的会员解释。

四、立法运动

劳动阶级要得到解放,当然要推倒资本阶级,但在中国,劳动运动正在萌芽时代,军阀财阀势力,又异常猖獗。他们仇视劳动运动,撄其锋者,就以军法从事。今年湖南劳工代表黄庞两君被赵恒惕杀害,劳工会被封。黄庞两君不过因调停罢工,致以嫌疑被杀,这是何等不平的事。又如罢工处刑,公然载在中华民国法律之上,工会不能称法团,劳动出版物不能公然发行,或者加以宣传过激主义罪名,即行查禁,这种野蛮举动,实为各国所未有。年来中国为劳动运动而牺牲或受害的人很多,我以为实有干立法运动之必要。我们的宗旨固然不是向特权阶级的政府讨自由,而眼前的阻碍亦应设法除去才好。至于立法运动究竟怎样办法,我主张属于南方政府势力范围内之工人,可以向南政府当局请愿。南政府标榜民治主义,我想这种在第三阶级治下应得的最小限度自由,南政府当能许可的。至属于北政府势力范围内的工人,首先也当去为合法的运动,若果军阀财阀执迷不悟,就只有显出实力给他们看,或行示威运动,或举行有意义的罢工,若果团体坚固,始终不懈,他们也无可如何的。因为劳动阶级的要求,在最初总是不为特权阶级所承认的,除非劳动阶级的实力充足了。至于目前所急须要求者,大概如下。

(一)承认劳动者有罢工权

(二)制定工会法

(三)制定工场法

（四）实行八时间劳动制

（五）保护童工、女工

（六）制定劳动保险法

以上四项，是我现在对于此次全国劳动大会的希望，从此以后，就要更进一步了。

（依照2022年人民出版社《中国共产党重要文献汇编》第二卷订正）

中国共产党的发展及其使命(节录)

蔡和森

第一次全国劳动大会,我党根据全国劳动运动情势而开第一次劳动大会,由劳动组合书记部召集,计有代表六十人,二百个工会代表三十万有组织的工人,议决政治的要求十七条,大会为全国工人阶级的组织形成的第一步,大会并委托劳动组合书记部为全国通讯机关。在此大会后作了不少的全国宣传和提出工人阶级的具体要求。吾党经验少,能力薄弱而做的工作这样多,是不是应该的呢?是应该的,如不这样,即非真正的中国共产党了。此外在本时期中还领导了思想、文化的争斗,新思想在全国的影响是很大的,并使中国知识阶级起了一大分化。由它的工作看来,完全证明中国共产党是代表无产阶级的利益和奋斗的党了。

(一九二六年)

(蔡和森著:《蔡和森文集》,人民出版社,2013年,第806页)

全国劳动大会（节录）

陈 达

中国劳动组织运动真正含有全国性质的始于一九二二年五月一日至六日，在广州举行的第一次全国劳动大会。赴会的领袖有一百六十二位，代表十二个城市、三百个工会和四千万工人。大会通过议案多种，内有"拥护八小时工作制"、"援助工人罢工"、"组织全国工会的长久机关"、"工会以产业组织为原则"及"促进工人的经济生活与工业的利益，避免政治的活动"为工会运动的主要方针。

（陈立廷、应元道编：《最近太平洋问题》，太平洋国交讨论会，1927年，第三编第十四页）

中国劳动运动之史的发展（节录）

高振青

中国的工会运动是在没有遭遇甚大的障害，由几多次自然发生的罢工中发展起来的，到了一九二二年则有急激的大发展。一九二二年一月，香港发生了要求改善劳动条件之经济的大罢工，不多几时，这便转化而为反对英国帝国主义的民族运动。所有香港的劳动者全体参加了这个争斗，就是商界也加以支持。英国方面不必说只想用武力来镇压这个运动，可是这样的暴压不过是促使香港——不仅是香港而且是全中国——劳动者的觉醒和团结。尤其是上海的海员、中国北方的铁路工人都一致结合了以应援这个运动，经过了五十多日的争斗，罢工者遂得到了胜利。

第一次全国劳动大会，自一九二二年五月一日至六日举行于广东。出席大会的有五十人，代表了约二十三万有组织的劳动者，通过了关于八小时工作制、罢工劳动者的互助、永久的全国组织和工会的政策等各种决议案。在这个大会前的二月七日，帝国主义的走狗吴佩孚惨杀了和京汉铁路罢工有关系之优秀的指导者，对于铁路工人的运动加以猛烈的压迫，但是到一九二四年二月七日，即京汉大屠杀的一周年纪念日，中华民国全国铁路工人会在北京成立了。这个团体的第一目的是排斥中国劳动者所犯设立职业别工会倾向而树立全国铁路工人的大同团结。

(《流沙》,第四期,1928年,第104-105页)

第一次全国劳动大会[*]

我国劳动运动，带有现代色彩，乃最近之事。民国九年，上海有中国劳动组合书记部之组织，此书记部实为我国劳动之先驱。其后，书记部与学生联合会相提携，乘我国物价腾贵与财产之振兴，发起召集全国劳动大会之议。民国十一年四月十日，该书记部上海本部向全国各工会发出通告，请各团体派代表一人，于十一年五月一日至六日在广州开全国劳动大会。开会之目的凡四：（一）庆祝"五一"纪念日，（二）融和并联络全国劳动者之感情，（三）讨论改良生活问题，（四）讨论各代表提案。

至关于此次大会之使命，李达氏曾于《先驱》第九号列举下列四条：

（一）组织永久的全国劳动者总同盟。

（二）消除各地工会之乡土观念。我国劳动者乡土观念特强，如上海即因各种帮过多，致劳动者不能团结，盖帮乃乡土观念之代表也。又如香港海员罢工即因宁波帮与广东帮之不和而致失败。故此次大会不能不以打破此种观念为其重要目的。

（三）除去恐怖社会主义之心。各地工会之劳动者，多有极端恐怖社会主义之倾向，各地代表应设法祛除此种心理。

---

[*] 本文原载一九二六年十二月出版的《最近太平洋问题》和一九二七年七月出版的日文《满铁一》。

（四）立法运动各劳动团体应就下列各项一致奋斗，要求：（1）承认罢工权，（2）制定工会法，（3）制定工厂法，（4）制定八小时劳动法，（5）保护童工妇女，（6）制定劳动保险法。

此次赴会代表共 162 位，代表 12 个城市、300 个工会、40,000,000 工人。是等代表大半曾受书记部之训练，亦即其后组织全国总工会之重要分子。但其中亦有不受书记部之指导或不与之合作者，即一部分信仰工团主义之劳动者，而以上海工团联合会为其标帜者也。当时大会之发起人对于此项散在上海及长江沿岸各地思想毫不一致之团体所派之代表，表示同等之欢迎，并与以同等之便利。

该大会通过之主要决议案有拥护八小时工作制，援助罢工工人，组织全国工会永久总机关，工会以产业组织为原则，及促进工人之经济生活与工业利益，避免政治之活动等项。

（王清彬等：《第一次中国劳动年鉴》，北平社会调查部，1928 年，第 356-357 页）

第一次全国劳动会议

马超俊

吾人欲述第一次全国劳动会议之经过,不可不先知有中国劳动组合书记部。

我国自五四运动以后,社会思想蓬勃发展。除三民主义之思想渐次普遍,成为思想界正宗以外,其他如共产主义、无政府主义、工团主义,亦相继萌芽。而中国共产党且粗具雏形,徐图活动;其最初视为活动之工具,与工人阶级发生关系者,即中国劳动组合书记部是也。

中国劳动组合书记部之宗旨,为促成各业工人组成团体,增加工人地位及促进工人国际。总部初设于北平,并在武汉、上海、长沙、广州、济南、天津、南京等处设立分部。当时负主干之责者,为张国焘、邓中夏、罗章龙数人,彼等皆为青年学生,热血奔腾,勇往直前,毫无顾忌。以是该部成立未久,声誉骤起。

然而,劳动组合书记部之组织,仅为指导工运之机关,而非纯粹之工人团体。该部为欲接近工人、扩充实力起见,乃发起于民国十一年五月一日,在广州举行第一次全国劳动会议。并先于是年四月十二日向全国各地工会发出通知,规定开会之宗旨及办法如下:

（一）开会宗旨：甲、纪念"五一"节。乙、联络全国工界感情。丙、讨论改良生活问题。丁、各代表提议事件。

（二）每工团派代表一人。

（三）时间：自五月一日起，开会五天。

（四）地址：广州。

（五）川资由各工团自备，在广州之膳宿费，由书记部供给。上海招待处设于英租界北成都路十九号。

是时，总理开府广州，对于工人运动，力加赞助。故第一次全国劳动会议，乃得以顺利进行。而各地工会鉴于数月以前之一七事件，心有余痛，亦亟思获一联络之机会，因此纷纷派遣代表，出席会议。计有平汉铁路代表徐家明，汉口人力车工会代表彭大汉，粤汉铁路代表吴海棠，天津机器工人代表王爱真，湖南劳工会代表唐薰琴，湖南劳工会驻沪办事处代表谌小岑，唐山机工联合会代表袁树彝，湖南劳动组合书记部代表王梁，长辛店工人俱乐部代表邓中夏，上海纱织工人代表王子安，上海海员工会代表朱宝庭，以及广东总工会与其所属工会之代表，共达三百人以上，济济一堂，首开我国工会大联合之纪录。

第一次全国劳动会议开会五日，议决案件凡九，其中最重要者，即为全国总工会组织原则案，当经大会通过，并决议办法如下：

（一）凡能采用产业组合法的，都应一律采用产业组合法去组织工会。

（二）确实不能采用产业组合的，不妨沿用职业组合。

（三）务必将每个地方所有各种产业组合和职业组合的工会，结为地方劳动联合会，将来由各地方联合会，组成全国总工会。

（四）在全国总工会未成立以前，先设一全国总通信处，委托中国劳动组合书记部担任。

此次会议之结果，极为圆满。中国共产党在工人运动中，初试身手，获此优良之成绩，差堪自豪。

（马超俊著：《中国劳工运动史》上册，商务印书馆，1942年，第95-97页）

报刊报道

全国劳动大会之发起

预备"五一"节在广州开会

中国劳动组合书记部近因多处劳动团体要求在"五一"节开一全国劳动大会,以唤起各地劳动者之觉悟,速谋组织团体而保全劳动者安稳地位。是以该书记部应各处之要求,发起一全国劳动大会,准于"五一"节在广州开始举行。兹将该书记部之通告及办法照录于下。

全国各工人团体均鉴:顷接多处工会来函,主张"五一"纪念节在适宜地点召集全国劳动大会,以志盛典,且可以联络全国工界之感情,本书记部认为有举行之要,特拟定宗旨及办法列后,请贵团体选派代表一人,持贵团体选派证书,如期赴会为荷。

(一)开会宗旨:

(甲)纪念"五一"节。

(乙)联络全国工界感情。

(丙)讨论改良生活问题。

(丁)各代表提议事件。

(二)每一工人团体要派代表一人。

(三)时间:五月一日起开会五天。

(四)地点:广州市。

(五)川资由各团体自备,在广东膳宿费由书记部供给。

中国劳动组合书记部通告,四月十日。上海招待处:上海英界北成都路十九号本部。

(《民国日报》,1922年4月11日,第十版)

广州将开全国劳动大会

上海中国劳动组合书记部为唤起各地劳动者之觉悟，速谋组织团体而保全劳动者安稳地位起见，发起一全国劳动大会，准于"五一"节在广州举行。兹将该书记部之通告及办法照录如下。

全国各工人团体均鉴：顷接多处工会来函，主张"五一"纪念节在适宜地点招集全国劳动大会，以志盛典，且可以联络全国工界之感情，本书记部亦认为有举行之必要，特拟就宗旨及办法列后，请贵团体先派代表一人，持贵团体选派证书如期赴会为荷。（一）开会宗旨：（甲）纪念"五一"节。（乙）联络全国工界感情。（丙）讨论改良生活问题。（丁）各代表提议事件。（二）每一工团要派代表一人。（三）时间：五月一日起开会五天。（四）地点：广州市。（五）川资由各团自备，在广州膳宿费由书记部供给，上海招待处在英界北成都路十九号云。

（《北京晚报》，1922 年 4 月 14 日，第二版）

全国劳动大会将在广州召开[*]

会期为五月一日

上海通信云，五月一日为世界劳动纪念节，劳动团体多于是日举行庆祝典礼，以志纪念，兹距"五一"为期已近，本埠中国劳动组合书记部为唤起各地劳动者之觉悟，速谋组织团体，而保全劳动者安稳地位起见，特发起一全国劳动大会，准于劳动节在广州开始举行。昨日发出专电，请各地团体派员到会，其电文云，全国各工人团体均鉴：顷接各处工会来函，主张"五一"纪念节在适宜地点，召集全国劳动大会，以志盛典，且可以联络全国工界之感情。本书记部亦认为有举行之必要。特拟就宗旨及办法列后，请贵团体先派代表一人，持贵团体选派证书，如期赴会为荷。（一）开会宗旨：（甲）纪念"五一"节，（乙）联络全国工界感情，（丙）讨论改良生活问题，（丁）各代表提议事件。（二）每一工团要派代表一人。（三）时间：五月一日起开会五天。（四）地点：广州市。（五）川资由各团自备，在广州膳宿费由书记部供给，上海招待处在英界北成都路十九号。中国劳动组合书记部叩。

（《晨报》，1922年4月15日，第三版）

---

[*] 标题为编者所起，原文标题为"全国劳动大会将在广州会"。

全国劳动大会讯

劳工同盟会派定代表

本埠中国劳动组合书记部发起于"五一"节，在广州举行全国劳动大会等情，兹悉东百老汇路辅庆里中国劳工同盟会因此事于十六号十二时会议，佥以此会有举行之必要，当举定谭竹轩为代表赴粤与会云云。

（上海《申报》，1922年4月18日，第十四版）

赴全国劳动大会代表踊跃

广州已筹备完善

中国劳动组合书记部昨接广州书记部南方分部来电,谓全国劳动大会已筹备完善,招待处设广州市素波巷宣讲员养成所内,请通告上海及内地各省劳动团体。中华劳动联合会所派代表陈广海君,早已赴粤。中华电器工界联合会,由全体选派王奠世君。中华全国工界协进会,选派邵博强及某君二人。南北二市均安水手公所及焱盈总社与南北二社共五团体,拟派代表三人。印刷工会已选派郑君。尚有染艺工会及菜馆工会等团体,亦正在筹画中。至北京长辛店、唐山等处代表,均已到沪。又该书记部昨午又接广东青年团及总工会欢迎各代表电云:"中国劳动组合书记部转全国劳动代表诸公,来粤携手同盟,藉亲雅范,肃电欢迎。青年团谭平山、广东总工会黄焕庭同叩巧。"

东百老汇路辅庆里中国劳工同盟会,举定谭竹轩为全国劳动大会出席代表。谭君已于十九晚首途赴粤。该同人于是晚在北四川路会元楼设筵欢送,莅会者八十余人。八时开会,由吴君公干宣布开会理由,继读祝词。次由谭竹轩君致谢词。次由某君演说"五一"节历史。再次为张渭川演讲团结之益,发挥尽致。至十时,各向谭君殷勤致意而别。

本埠船务栈房工界联合会，昨日举定粤省在籍会员李澄宇、白蘋洲、陈亦洲三君，出席"五一"节在广州所开全国劳动大会，业已去函通知届时出席矣。

（《民国日报》，1922年4月21日，第十版）

劳工会举五一节代表（芜湖）

芜湖劳工会日前接到中华劳动组合书记部通告，要求推举代表，参与"五一"纪念节在广州市开幕的全国劳动大会。随即由董事部召集开会，议决推举代表一人出席该会。当举定薛卓汉君为出席代表。现方编制议案，以便在该会提出讨论。薛君大约在下星期一（二十四日）即将首途赴粤云。

（汉口《民国日报》，1922年4月23日，第八版）

又一批劳动大会代表赴粤

前昨两日到沪之全国劳动大会代表，有汉口人力车夫工会彭大汉、徐家棚，粤汉铁路工人俱乐部吴海棠，长辛店铁路工人俱乐部邓中夏，唐山机器工会树彝，中国劳动俱乐书记部许白昊、梁鹏万，均昨晚乘新宁轮船赴粤。尚有焱盈总社代表朱明江、均安水手公所朱宝庭，定今日赴粤。中国劳动组合书记部李启汉、湖南劳工会仝薰、中国劳动组合书记部湖南分部王梁等，闻明日均可起行。此次全国劳动大会，实开吾国之新纪元，想诸代表有以慰各劳动者也。

（《民国日报》，1922年4月23日，第十版）

工界欢迎各省代表之筹备

今年全国劳动节纪念日，在粤举行，已志前报。现本省工界见各省劳工代表不日抵粤，除关于劳动节日应举办之事着着进行外，对于各省代表抵粤后种种的招待，现已积极筹备。并本省工界拟于各省代表抵粤后，特在师古巷工人合助社内开一欢迎会，表示与各省工界实行亲善之意。是诚全国工界未有之盛举，亦即全国工界联合之第一声。届时想必有一番可纪之事实云。

（《广东群报》，1922年4月27日，第七版）

工界举行劳动节预志

广东工界对于筹办"五一"劳动节纪念,已预备种种。广州方面,以广东总工会为筹办处,凡加入庆祝者,每工团科银二元为筹办费。在第一公园前搭盖牌楼、演说台各一座。牌楼之四周围绕以电灯,顶竖大红旗一面,旁悬百数十小红旗,上悬生花牌额,颜曰"劳动神圣"。演说台生花牌额则书"五一纪念",正面悬大红旗两面。公园大门口花额则颜曰"自由之路"。是日,各省劳动代表加入一致庆祝,另印就五一历史的来由传单在公园前散播。

(一)军乐队自由合奏。(二)摇铃开会。(三)宣布开会理由。(四)铜乐奏国歌。其时均须脱帽。(五)各省劳动代表演说。(六)来宾演说。(七)工界演说。(八)奏乐。(九)出发游行。(十)荟会。(十一)游行。(十二)至西瓜园散队。

游行路径如下:十时在公园集合。十二时开会。一时游行。由公园正门入东便门,出吉祥路、德宣路、总统府前、盘福路、惠爱路,再入吉祥路、省长公署前、广仁路、财政厅前、永汉北路、永汉南路,出长堤过西堤入回栏路、太平路、西瓜园散队(游行时约占马路六尺)。晚上并举行提灯。行列由各工会自由办理。

此外,互助社则联合社会主义青年团举行。其游行秩序:第一队,孤儿院铜乐队。第二队,化装世界名人。中多□成增哥伦布路得□特马克思列宁自由神等。第三队，扎作牌灯。第四队，互助社内各工团。第五队，寓意画。第六队，社会主义青年团音乐队。第七队，红旗队。第八队，□子。由上午九时起，在东园前起马，转入大东门，过文明路入财政厅前，经省署前转过总统府前到第一公园，出惠爱西路出西门转左丰宁路直出西堤天字码头散队。

其余另有建筑做木工会、西式家私工会、机器互劳俱乐部、革履织业厨业旅业辗谷陶磁"五一"俱乐部合助社等。十二时由西瓜园起马，直出西濠口，转左西堤直出沙基，转入西兴街过蓑衣街口入福德里直过十八甫北约，转右下九甫转入第八甫、第七甫、第六甫、第五甫、第四甫，转右出西门口散队。其巡行时，每会均印备一种传单，以便沿途散布；所有旗帜，全用红色；由家私工会铜鼓队先行云。

（《广东群报》，1922年4月28日，第六版）

工团派员参与全国劳动大会

联合通信社云，本埠工商友谊会，因此次"五一"劳动纪念，广州特开全国劳动纪念大会，实为我国劳动者第一次之创举，故凡国内劳动团体，必须派员参与，以联络全国劳动者之感情。该会近得驻香港会友关钰麟提议，谓此次广州劳动大会，必然可观，务宜遴遣代表。该会接到此函，即由总务科派定关君为代表，就近出席，尤为妥便，昨已发给证书，通知关君矣。

（上海《申报》，1922年4月28日，第十三版）

劳动界"五一"节开会议

昨晚八时，中国劳动组合书记部董锄平、中华电气工界联合会王奠世、中国劳工同盟会郑功燿、上海纺织业工人浦东部徐锡麟、中文印刷工会张占刚、驻沪湖南劳工会王光辉、上海中华印刷工界联合会王化民、中华劳动联合会史观涛等，开"五一"节纪念筹备会。经各代表相继讨论，公决各事如下。（一）定今日开会。（二）各代表随带会章，以便公函盖印。（三）推定代表向当道接洽。（四）地址：沪军营后空地。（五）各业工人是日休业一天，以资庆祝。（六）欢迎各界加入。议毕散会。

（上海《申报》，1922年4月29日，第十三版）

今日广州之全国劳动同盟会

香港电讯,广州之劳动同盟为纪念"五一"劳动节起见,先期电邀全国之劳动团体,在同盟本部一致参加纪念大会。迄四月二十八日止,各地之劳动团体代表报到者共计四十九处,代表人数二百五十一名,订于今日开"五一"纪念大会,随散放《五一纪念》、《劳动神圣》各小册,以唤起一般人之觉悟。下午举行劳动界提灯大会,有孙文之演说云。

(《晨报》,1922年5月1日,第二版)

劳动节之空前大会

昨五月一日，为劳动节纪念日之佳期。全省工业于是日一律休息一日，藉表庆祝劳动节之热忱与敬意。查是日分二处开会，其地点一在市立第一公园，一在东园。广东总工会、中华工会、工人合助社、华侨工业联合会、机器总会等二百余个团体，均在第一公园集会。而互助社等二十余个团体，乃在东园举行庆祝大会，均非常热闹。兹将是日种种情形分列如下，以供众览焉。

会场之布置　在第一公园门前搭一牌楼，高入云表，顶高之处则悬挂红旗一枝。该牌楼上复用白布大书红字云"全国劳动联合庆祝劳动节"字样。牌楼之两旁，则悬挂无数三角红旗。而公园大门头，复用生花制一横匾额，上书"庆祝五一劳动节"七字。别悬有生花对联一对云"博爱平等"、"自由互助"数字。至于会场中秩序有四：（一）赴会工团须沿红旗站立。（二）不可移动园中公物。（三）不准攀摘园中花木。（四）勿踏园中草地。又在公园之中间后座搭一讲演台，即为开会之所。台上左右二边悬挂工旗与红旗各一，及挂生花与小三角形红旗无数。而公园中所定之出入路线，满插各工会工旗及红旗。布置之辉煌与周密，观者莫不称赞不置云。

赴会之团体　外省到会团体代表，则由京汉铁路代表徐家棚君①、汉口人力车工会代表彭大汉君、粤路代表吴海棠君、天津机织工会代表王爱真君、湖南劳工会驻沪办事处代表谌小岑君、唐山机务处联合会代表袁树彝君、湖南劳动组合书记分部代表王梁君、长辛店工人俱乐部代表邓中夏君、湖南劳工会代表唐薰琴君、上海纺织工会代表王子君、上海海员代表朱宝廷君、上海火帮焱总社代表朱明江君、江西工会代表（姓名不详）、广西工会代表（姓名不详），合本省广东总工会、中华工会、工人合助社、华侨工业联合会所属二百余团体（名目太繁姑略之）。

  开会之情形 是日十二时摇铃开会，秩序已志昨报，故不再赘。先由宣布员李亦愚君宣布开会理由，大意谓劳动界受资本家势力所压迫与不良制度所支配，今天全国工界在粤举行劳动节纪念，诚空前未有之盛举，但是我们工人纪念劳动节，不是空洞一件事，必须劳动界组成一个阶级，推翻一切不良的制度与打破资本主义云（众鼓掌）。次请黄爱父亲黄士勋演讲，当黄先生登讲席时，眼泪如珠，全场感动。次请中华工会代表陈家鼐君演讲对于劳动节的希望。继请中国劳动组合书记部代表张特立君演讲无产阶级革命之必要。继请全国劳动组合代表谭竹轩君演讲工人改造社会的实力。继请陈独秀君演讲工人须晓解劳动节的由来与意义。继请湖南长沙一个军人余希乾君演讲，余君登台时，面色旋变极清淡的态度，并手持白布一方，对众宣布，谓今日是个势力派的社会，希望大家一致前进奋斗。余君言毕，乃咬断中指就席书写血书云"切勿畏专制派何如，但

---

① 原文如此，徐家棚应为地名。

要我侪协力同心一致，将来必达到社会主义之目的"。当时会场大呼"无产阶级世界"与"劳工神圣"之声浪，震动远近，竟有一年近七旬之老妇当场失声而哭。其感人之深与社会革命之种子，于此更深一层。诸君读此，当作何感想。即继请湖南劳工代表谌小岑君、省港集贤工会代表何洲泉君、中国社会主义青年团代表张椿年君、南洋工界代表何国基君相继讲演毕，遂茶会而散云。

巡行之闹热　开会后甫及一时，即摇铃宣布巡行。是日加入巡行者，约二百余工会。女工会则有车衣、织袜两工会。巡行人数总在十万以上，实为自有巡游以来未有之盛况。此次巡行则设有一中国劳动□组书记部，专为记载此次劳动大会各事。该社主任谭平山且亲担大红旗先行，余各省代表亦持有长白布旗，书明"某省代表"等字样。其巡行秩序，以孤儿院军乐队先导，次有互助社色马，各社员演扮各种魔鬼，披发赤身，跣足花面，妇孺见之，咸为危惧，于此可见情景之迫真。该社之此等化装，系声明排除旧故，免碍进化之意。又广东社会主义青年团化装亦大有可观，及团员数百人随同巡行。又次有中华海员工会，用汽车装成一汽船，沿途行驶。其余"不劳动不得衣食住"及"劳工神圣"、"劳动神圣"、"作工八小时"、"休息八小时"、"教育八小时"、"金钱万恶"、"破除资本制度"，暨各种油画。各种大小红旗、国旗、工旗、文字旗横额种种扎作化装等物，几至触目皆是，不胜纪载。但化装中，仍以机器工会俱乐部某工人亲扮湖南工党黄爱君被赵恒惕惨杀死之状为最触目惊心。该工人亲扮死尸，用锣鼓柜扛之随行。该工人睡于柜内，屹然不动，见者恻然。最可纪者，高师学生是日雇备汽车，沿途散放非宗教同盟传单，敬告各工人勿为某教所惑。讵是日下午，天忽下雨。各工团及女工会等，仍冒雨巡行，并高呼"吾人对于军阀家及万恶之资本家压力已不畏，区区雨水何足惧哉，盖非此不足以表示劳工之神圣"。一时观者亦谓劳工确神圣，因雨下未几即放晴故也。至各工会狮子等物，则多至不可胜数，而参观巡行之男女尤不可胜计。及至晚间之提灯会，银烛辉煌，牌灯如鲫，其闹热情形，与日间巡行同一状况云。

（《广东群报》，1922年5月3日，第三版）

全国劳动大会已开幕

全国劳工之大结合

全国劳动大会于昨日在河南机器维持会内行开幕礼，是日各地工界领袖到会者共七十五人，各省占廿六人，广东占四十九人，旁听席者甚众，诚中国劳动界中空前未有之盛会也。兹将是日情形分列于后。

（一）会场布置。这个会场布置与平常会场不同，中央悬挂一大面红旗，两旁有大红横幕一张，左边书有"世界劳动者及被压迫的民族联合起来呵"，右边书有"打破军阀主义打破帝国主义打破资本主义"，堂中悬挂一大红星及小红旗无数，内里都书有劳动格言。此种布置，劳动者一入其中，都受着很深的感动。

（二）开幕秩序：（1）奏乐。（2）全体起立高呼"全国劳动大会万岁"三声、"全世界劳工联合万岁"三声。（3）中国劳动组合书记部代表宣告开会（词另录）。（4）推举主席团。（5）筹备会报告筹备经过情形（词另录）。（6）演说。（7）奏乐。（8）散会。

（三）宣告开会。首由书记部代表张特立君宣布，略谓中国近年来，劳动运动正如海潮汹涌，蓬蓬勃勃。其中为劳动运动而牺牲者极大，如过去之海员罢工，及现在上海之纺织罢工，及广东各次罢工,皆足以为中国劳动运动的模范,作中国劳动运动的先驱,我们劳动界对此都应该站起来,唱几声悲壮的以表示我们的敬仰。我现更要介绍我们所以开这个大会的意义。这个会议是我们中国劳动界第一次联合大会议。第一,我们要把我们的力量用在正当基础之上。第二,我们要应用欧洲百年来劳动运动的经验,把这个会议做成一个很美满的会议。第三,我们要借这个会议,把全国劳动界放在一个大组织之下。第四,我们要认定这个会议实实在在负着一个空前未有的重担。

(四)公推主席团的讨论。张特立君说,按欧洲劳动会议的惯例,应该组织一个主席团,我们应该照办,但应如何组织,请大家讨论。首由第三十二号代表发言,主张公推主席五人、书记长一人。第五十二号代表不主张改选,应由书记部代表继续担任。书记部代表说,此事不甚以为然,因为书记部只负组织责任,现在已组织成就,责任已了,所以主席应当另举,乃为正当。接续第四十九号、四十四号、四十六号、三十二号、五十六号、四十二号各代表相继讨论,意见颇不一致。于是书记部代表说,诸位关于这个问题,既然提出诸多主义。可见诸君对于这个会议很是热心,很是可喜。现在时间不早,暂把这个问题持搁。俟明天开讨论会,再为讨论。

(五)筹备会报告。谭平山君说,这个会议,筹备时间甚为短促,很多未周的地方,请诸位原谅。原来全国劳动大会,非有一年半载的长时间,不能与各方周密接洽。所以当开始筹备时,只可通知广州各大工会总团,共同办理。对于广州以外港澳各工团,因为调查之时未能详细通知,就是这个缘故。这个会议原来想假教育会为地址,后来因为汪会长离省,故未果,所以改在这个地方。至于一切经费,多由书记部筹备,其余一部分打算在广东各工团处分筹。这是筹备会经过的实在情形。

(六)演说。

(1)上海中国劳工同盟会代表谭竹轩君演说:"我离了广东多年,现在回来,觉得社会情形及社会事业非常发达,极之可喜,尤以工界情形尤甚。我们须知道,现在除了广东之外,无论在哪一省哪一处外人势力范围之下,关于劳工运动,都有很大障碍的。我们觉得广东这样自由,又不禁感着各省的黑暗情形了。所以我希望各工界朋友,要把这个大会势力推及各省,为协助全国工友谋幸福。"

(2)中国社会主义青年团代表张椿木君演说:"我是代表中国社会主义青年团参加大会的,我们青年团的全同志都是很表同情于工人无产阶级的,而且是很愿意无产阶级朋友们帮助的。我现在代表全国同志,向诸位申说,希望你们积极去革资本家的命,为全世界无产阶级谋幸福。"

(3)邓汉兴君演说:"今天是一空前之盛会。我们工人对于该会,应该作何种之感想。有一般人,对于我们工人很热心赞助的。而对于我们工人横加摧残的实居其数。我们广东政府,持宽大态度,对于我们工人,绝无压抑。而北方政府则不然,常以不正当的暴力,压迫我们的工界。即如湖南工界,最有热心毅力之黄庞二君,绝无犯罪行为,不过热心为工界奔走,而当地的军阀资本家大为疾忌,遂以金钱与武力而惨杀了二君,这是一件极可悲的事,更是一件极可痛的事。我们工界对于这种敌人、资本家军阀,总要努力去铲除他,不至连根都拔起不止。"

（4）谌小岑君演说："这个会能够造成，有二个大原因，一是由于香港海员之罢工，一是由于湖南军阀之残杀黄庞二君。我们鉴于这件事，知道压迫我们的敌人正多，我们不要误认他们是我们的好友，不要拥戴他的政府，必须自己努力去奋斗。这是兄弟所希望的。更有一件，湖南黄庞二烈士惨遭杀戮之后，广东各工会都很热心帮忙尽力，为他们呼冤，实是以号他们的魄。我们湖南劳工界是极为感激的。"

（5）何荃洲君演说："今日是中国数十年为一时之好机会，现在因为时间的限制，亦不能诸多说话。有两位先生说，北方政府极力压迫我们，并防范我们工人的举动，他们实在不愿意我们工人觉悟。我希望各位明白对于这个大会势力去发展，回去之后，尤要开通各工人，使其早日觉悟才是。"

演说毕，主席说："今天原来是预备好多人演说，现在因为时间不早了，国民党欢迎会时间到了。"全会代表遂欢呼"劳动大会万岁"三声，乃散会。

（《广东群报》，1922年5月3日，第三版；
1922年5月4日，第六版）

全国劳动大会二日活动[*]

全国劳工代表于冬日（二日）上午在机器总会开会。下午一时，国民会开欢迎会。三时，引见大总统，听训词，导游黄花岗各名胜。晚七时，国民党在亚洲酒店开欢迎宴。

（上海《民国日报》，1922年5月4日，第二版）

---

[*] 标题为编者所起，原文标题为"本社专电"。

全国劳动大会开会纪

昨日九时,全国劳动大会在河南和珠社广州机器工人维持会开会,出席代表七十人,北京劳动联合会书记部代表张特立因事未能列席,遂由谭平山主席开始,由第七号、四二号、三六号等代表解释前日之意见,系为彼此一时误会,今既互相谅解,则宜根本联合,以与资本家奋斗。继由主席提出前日所提未议之组设审查委员会问题,互相讨论,结果全体通过。是日之会,不过系一时临时会,非正式会议,所组设之审查委员,但可审查列席代表资格,不能审查议案。至审查委员之人数,则以十一人为多数通过。选举之法,采用每代表推举一人,有三人以上和议,则为候选。当选人然后付大众表决。随推出三十七人候选,当选人付大众表决。结果以邓汉兴、谭平山、区云轩、潘兆銮、张理全、张特立、黄汝谦、彭大汉、张瑞成、许白昊、李占标十一人比较多数,当选为审查委员会委员。时已二时,遂宣布散会。

(《广东群报》,1922 年 5 月 4 日,第六版)

中华工会欢迎劳工代表

平民社云。此次全国劳工代表莅粤,联合举行"五一"劳动纪念大会。因得一联络之机会,中华工会特于今晚(四日)七时开会欢迎各省代表,并另请一班社会主义者莅会演讲云。

(《广东群报》,1922年5月4日,第七版)

全国劳动大会第三日开会纪

昨日九时,全国劳动大会仍在河南中国机器总工会①开会,出席代表一百零一人,由谭平山主席。先由审查委员会委员邓汉兴报告审查经过情形,继由主席宣告继续讨论。昨日决定议案,先提出议事细则付讨论,结果全体通过;再行讨论组织大会秘书处问题,经大众讨论。结果决定秘书处由九人组织之。至秘书处人员之选举法,由第七号代表提出分区选举法,再由第七号提议按照各国大会条例,由主席指定人选,再付大会表决。随即选出邓仲澥、邓汉兴、陈越、李启汉、潘兆銮、谭平山、黄焕庭、张瑞成、黄裕谦九人为秘书团,规定会议时间已足,遂由主席宣告散会。

(《广东群报》,1922年5月5日,第六版)

---

① 原文如此。

广州"五一"见闻录

广州市之劳动节
各埠工会代表云集
百余团体之大巡游
劳工界与正式政府

遂 石[*]

今日是劳动节（五月一日）。一月以前，我便听见劳工界的人说，这回劳动节，至少有十万人参加巡游运动。近两日，长堤国民党支部门首、第一公园门首双门底一带，都扎了高大华丽的牌坊。今日，《广州晨报》《新民日报》，都有关于劳动节的论评，说了许多箴劝奖励的话，可见得舆论对于此事之注意。

此次劳动节，刚好是全国劳动大会在广州开会，现在各埠代表之已到广州者，有彭大汉、徐家棚、吴海棠、谌小岑、王爱真、李树彝、邓中夏、王梁、唐薰琴、朱宝庭、朱明江等十二人。此外尚有各处代表，闻皆于昨夜乘船抵粤，参予巡游。记者前日在友人处，晤湘人张理全君，其名片上书明湖南劳工会驻沪办事处代表，闻其此次来粤，亦系参予全国劳工大会，

---

[*] 本文发表时，署名：遂石。

并为劳动节之庆祝。

今年劳动节,由广东总工会筹备。会场设在第一公园。今日天气晴明,适值雨后,园内百花齐放,碧草如茵,一天然佳会场也,中央设演说台,生花布景,上悬开会秩序条文,台上有甲种工业学生鼓乐队、洋服工会鼓乐队。园内东西两路,路旁密布赤旗,各工团到会者,由此整队出入。路旁设纠察队,系禁止践踏草地、采摘花木者。所散印刷品,有《"五一"圣节之由来》,有《广东社会主义青年团敬告工人》,有《先驱》之《"五一"纪念号》,皆送阅,不取资。又有《劳动运动史》、《马克思共产党宣言》等小册子,设肆贩卖。公园门首有横额曰"庆祝五一圣节",有一联曰"博爱互助"、"平等自由"。又有海员工会用汽车装假汽船一艇,碇泊门外,标一旗曰"南方大胜"。纠仪人站立公园门两侧,招待会员及来宾分路出入,秩序整然。

与会工团,除上海、天津、湖南数十团体外,本省预定加入巡游者,有洗衣协进工会、京沪履业工会、洋服同研工会、酒楼茶室工会、船料连胜工会、金彩职业工会、车务同业工会、佛山泗沙泥水做木建筑工会、铸造铜器泥模工会、纸业工会、汽车工会、按押同业工会、佛山切纸工会、宰牛工会、铜铁广义俱乐部、上鞋工会、乐源工会、雕花工会、八和会馆、油业工会、金土工会、同德工会、锦纶土行工会、机器工会、坎山工会、广沙联和工会、革履工会、侨港泥水工会、革履劳资协进工会、云母工会、轮渡工会、省港卷烟工会、车料工会、女伶工会、晒莨工会、药材工会、女子联爱崇俭工会、木箱工会、铜铁工会、建筑工人研究社、茶居工会、藤器工会、酒菜工会、缝业工会、白铁工会、黑纽工会、机器印刷工会、驳艇工会、棚行工会、唐装首饰工会、泊叶工会、打包工会、洋服俱乐部、粪业工会等七十余团体，同在公园集会，工人一律皆持赤色小旗，上书"庆祝圣节"、"还我自由"等字样。另有种种艺术品，如扎一金钱，上书"金钱万恶"；扎一时表，上书"八时劳动"；此外尚有以人饰马，一人持帚，一人荷畚，以示劳力者铲除资本制度之意。舞狮是广东劳动界一般习惯，是日舞狮殆不下百具，惟已少有持矛荷叉以随其后者，实为劳工界气习鲜良之一好现象。同时复有少数女工，自为一团体，与男界争道齐驱，亦十分壮佼，殊有趣也。

广州之有劳动节的庆祝，自去年始，其时适当孙总统就职之前四日，由今日往后数，再四日即为正式之周年纪念日，此即劳动家与正式有缘之一表证。观于工会中之旗帜上，有书曰"南方大胜"、"民治精神"者，其用意盖可知矣。此一年间，广州劳动界之滋长，有可供人观察者，不但其内容益加丰富而已，而其美的精神与秩序的精神，亦大为进步，民国之前途其庶有几乎。（"五一"节）

（上海《民国日报》，1922年5月6日，第六版）

广州工界庆祝"五一"纪念

工会加入者二百余行

庆祝人数在五万以上

粤函云，五月一日为世界劳动节，工人运动八小时劳工胜利之日也。广州劳动之花，吐艳含芳，各工人之庆祝欢胜。兹记录是日庆祝巡游情形如下：

是日参与巡行者，有华侨工业联合总会所属之六十余工团、互助总社所属之五十余工会、总工会所属五十余工社及五十余堂号、中华工会暨十三工会及其他工会共二百余行，人数在五万名以上。上午十时在东堤旷地集合，前赴第一公园，旋即巡行各马路。前导者为林鹿生、黄女士惠贤、伍参事智梅、谢英伯夫妇及三数西人，各省工团代表，继之者为"五一"劳工纪念节大巡游横旗，孤儿院音乐队及工团之化装队。步行化装者十余人，一为大腹贾一妻一妾，左拥右抱，怪象可鄙，随其后者有担锄头三人、斧头扫把二人，以示驱逐之意。其余牌灯托意画大小旗帜千数百幅。此外尚有集贤工会之铁钩及铁铲，上写"铲除专制，钩除恶习"之意；国民党支部之陆行战船，种种色色，备极大观。狮子队则有英义堂林馆等极为高庆。由永汉路直至省长公署，高呼"省长万岁"，转而往总统府，三呼"中华民国万岁，大总统万岁，劳工万岁"，欢声雷动。随即折回第一公园，分往各处巡游。

  各处之庆祝　是日在第一公园开会，公园前高搭牌楼一座，门首横挂庆祝"五一"劳工节纪念大会生花牌额，伴以对联"博爱互助"、"平等自由"。园内悬挂国旗、劳工旗、周番旗，春花怒放，以显此花花世界，而助此草草劳人之兴也者。南堤国民党粤支部搭盖彩楼一大座，党旗高竖，绕以周番。门前生花横额，书"劳工神圣"，伴以对联云"此日可惜""民生在勤"。是日各工团经此者，必燃放炮竹志庆，隆隆之声与高呼"劳工万岁"之声响震千里。是日各工会张灯结彩，铺陈华丽。所有工会会员皆休业一天志庆，夜间多融资宴饮以庆此圣节云。

（上海《民国日报》，1922年5月8日，第三版）

国民党粤支部欢迎劳动代表

中华国民党广东支部于二日下午三时，假座广西会馆开会，欢迎全国劳动大会莅粤代表、各省劳动代表及广东工界代表莅会者三四百人，自门首至礼堂，均悬周番旗帜及排列鲜花，门首高竖中华民国国旗。开会时，由谢英伯主席，次由田桐、陈家鼐、胡占魁、张理全、朱明江及德国新闻记者治尔曼氏等十余人相继演说，对于劳工问题皆有所发挥，直至四时始行散会，散会后即联同往谒见大总统。

当谒大总统时，总统训各代表以为国及为社会尽力，语毕，湖南为工界流血黄爱烈士之父，忽跪地求大总统伸冤，并历述赵恒惕惨杀劳工代表之不法，大总统为之恻然，答以此事当依法惩办，各代表遂即兴辞而退。

晚六时同赴国民党之亚洲酒店欢宴会，到会者有各省代表及粤省各工会代表二百余人，座为之满。席间，主席冯自由起述此次欢迎大会代表意，并就民生主义有所发挥，复举杯为我国劳工进步祝，一时欢呼万岁之声声彻内外，于是陈家鼐、田桐、谢英伯、谭平山、叶纫芳、谭竹轩、陈广海、梁鹏万诸人次第演说，听众掌声雷动，至十时始尽欢而散。

此次全国各省劳工代表到粤大会者，至五月一日仅二十八人左右，闻此一二日尚有多人陆续赶到，总数不下四五十人，兹将昨一日前已到人名探录如下：上海中华总工会陈家鼐，上海中国劳动组合书记部张特立、梁鹏万,中国劳动组合书记部北方分部王梁,中国劳动组合书记部北方分部邓重远,天津织工联欢会王爱真,唐山京奉铁路机务同人联合会李树彝,长辛店工人俱乐部邓重远,汉口人力车夫工会彭大汉,徐家棚铁路工人俱乐部吴海棠,湖南劳工会唐薰琴,上海均安水手分所朱宝庭,上海水手焱盈总社朱明江,上海中华电器工界联合会许白昊,上海中国劳动联合会陈广海,上海中国劳工同盟会谭竹轩,上海浦东纺织工人会王春鑫。其续来者尚待调查。(三日)

(上海《民国日报》,1922年5月8日,第六版)

全国劳动大会经已闭会

议决提案九种

全国劳动大会经于六日闭会。该会组织时间虽极匆促,而省内外各工会派出代表,竟达一百六十余人。诚为劳动运动中空前未有之盛会也。此次大会各省代表提出议案甚多,经审查委员会审查结果,或归并或注销,认为可以成立者共十余案,内中除中华总工会代表陈家鼐君所提出之普及劳工教育各案,因提议人缺席、连署人否认,暂作保留。江西总工会代表胡占魁所提出之提议请愿设立工部案,众代表认为理由不充足,自行注销外,五、六两日所议决提案共九种,兹分列于后。

第一,罢工援助案。提议人:中国劳动组合书记部代表李启汉。理由:现我国劳工运动尚在幼稚时代,能力薄弱,平时既受不正当势力压迫,在罢工时候,尤受资本家欺蔑,非我工人本互助的精神互相援助,必无胜利希望,故工人无论在何地罢工,应当设法援助,以达我工人牺牲奋斗自求幸福的目的。办法:(一)凡遇某地某工会发生罢工时,应设法通知全国各工会,或即以现在各地劳动组合各书记部暂担通讯义务。(二)凡某地某工会知道别处有罢工事情发生时,即通知各会员,干下列各事云:(甲)一处罢工,所有工人均不受该处东家之雇请。(乙)派人慰问或通信慰问。(丙)派人帮忙办理事务。(丁)捐助经费以维持罢工伙食。（戊）如东家势力强大，不易压服，则举行相当程度之同情罢工。

第二，八小时工作制案。提议人：中国劳动组合书记部代表李启汉。理由：八小时工作制在英国十八世纪早已实行，欧战后华盛顿国际会议亦议决采用，于是欧美各国一致实行，澳洲且有嫌八小时工作太多要求六小时工作者，则吾人要求八小时工作制，可知亦非过分，吾国工作甚至十二时、十三时以上，终日劳动不休，如同牛马，可痛孰甚，故吾人非努力奋斗达到八小时工作不可。办法：（一）以本会名义要求大总统明令规定。（二）如各东家不遵依此制，一律采取同盟罢工手段，务期达到目的为止。（三）女子及小童每日不得满八小时工作。

第三，全国总工会组织原则案。提议人：长辛店京汉铁路工人俱乐部代表邓重远。理由：工人阶级争斗力的强弱，全视工会组织法的良窳而定。比如工会是由一种职业的工人所组织而成，则罢工运动每至一行业的工人陷于孤立而容易失败，产业组合则不然。把一种产业中的各种职业的工人，结合于一个工会之中，则争斗力就异常雄厚了，故我们组织工会应当以产业组合为原则，但确实不能采用产业组合法的各种职业的工人，则仍不妨沿用职业组合法以为着手之起点。又我们工人希望将来有真正的全国劳动总组织出现，则必首先组合每个地方所有的工会（无论是职业组合或产业组合）而成为一个地方的劳动联合会，将来更由各地方劳动联合会组织成全国总工会，则工会的组织，就上了真正的轨道，成为一个铁样的团体了。办法：（一）凡能采用产业组合法的，都应一律采用产业组合法去组织工会。（二）确实不能采用产业组合的，不妨沿职业组合。

（三）务必将每个地方，所有各种产业组合和职业组合的工会，结合为地方劳动联合会，将来由各地方联合会组成全国总工会。（四）在全国总工会未成立以前，先设一全国总通讯处，委托中国劳动组合书记部担任。

第四，湖南劳工会黄庞二先生被杀案。和议人：湖南劳工会代表张理全。理由：关于黄庞二先生为赵恒惕所惨杀事，我想我们工人未有不痛恨的，所以在这个大会里为诛讨民贼计，为保障工人计，都应该有相当的表示。同时海员代表苏兆征报告海员被香港政府惨杀事，要求与黄庞二先生有相当的表示，于是众通过下列通法：（一）表示：关于黄庞二先生事，用本会名义通电全世界表示此事。（二）纪念：（甲）定于本年一月十七日为黄庞二先生牺牲纪念，是日全国劳动界休息一天，开会纪念。（乙）定每年三月某日为被杀海员诸先生牺牲纪念日，与黄庞纪念日同一办法。

第五，订定中国劳动歌及劳动旗帜案。提议人：唐山京奉路机务处同人联合会代表，理由（从略）。办法：（一）众定由秘书处将国际劳动歌翻译以中国文，作为劳动歌。（二）由秘书处制定成，作为全国劳动界暂用旗帜，俟第二次大会追认为全国正式劳动旗帜。

第六，尊重劳工节及惩戒工界虎伥案。提议人：中国劳动同盟会沪总部代表谭竹轩。理由：（尊重劳动节）五月一日，乃劳工纪念，例应全国劳工休息，乃有一部分日工工友，于是日休息，则无工值，而苦于膳费无着，欲表同情而不得，此中苦困，应由本会函告全国工厂，一律于劳工节日休息，无论长工日工，照常发给工值，以济困难之工友。（惩戒虎伥）我工友们既饱受资本家之压制，复受虎伥之欺凌，查各管工人爱惜工友者固不乏人，而借资本家淫威为虎作伥者亦复不少，每每有资本家所给工值十成，而管工者有种种剥削侵蚀，以图中饱者，及诸般苛待，罄竹难书，愿凡各管工之工友，有则改之，无则加勉，以后再犯者，应如何惩戒，请公定办法。公决：（甲）秘书处照办。（乙）办法分三层，先警告，次宣布罪状，最后则以铁血对待。

第七，组织全国人力车夫联合会案。提议人：汉口人力车夫代表彭大汉。议题：（一）应推广组织各地人力车夫会并成立全国人力车夫会联合会。（二）应通告各地车行嗣后车租只准减不准加。（三）应警告各地车行嗣后不得殴打车夫，或重利揽剥车夫。（四）应通告各地巡捕或警察嗣后不得鞭笞或虐待车夫。（五）车夫为劳动界之最苦者，各地劳工团体应格外援助。办法：公决应交中国劳动组合书记部设法执行。

第八，规定第二次全国劳动大会案。提议人：中国机器总工会代表邓汉兴。理由：今次第一次全国劳动大会，虽不敢云有甚大成绩，惟全国劳动结合，渐有基础，从此努力做去，将必有完满的结果，故第一次大会之后，当然要规定第二次大会的办法，以免临时仓促。办法：（一）每年开大会一次，时间仍为"五一"。（二）每次开会即行规定下届开会地点。（三）每次开会在未开会五个月以前，通信召集，俾一个月前交到提案。（四）如全国总工会未成立之前，仍由中国劳动组合书记部召集。（五）大会筹备处改为大会事务所，职务自筹备至所有会务完全结束为止，且于会期三个月前成立。（六）明年会址系定在汉口，如有碍障，应由召集处通知。

最后由李启汉君临时提议,闭会后应以本会名义,发表一种宣言,将此次会议的精神表示出来,布告全世界同胞,咸使闻之。众无异议,遂通过由秘书处起草发表云。

(《广东群报》,1922年5月8日、9日,第六版)

全国劳动大会之新闻

代表百六十人议决提案十种

明年在汉口举行第二次大会

今年五月一日，中国全国劳动者在广州开一个破天荒的劳动大会。听说此次大会召集时间极其匆促，其初不过由广州、上海、北方十余个工会，感受世界潮流，都觉得有全国联络之必要，写信给中国劳动组合书记部，要求发函召集全国劳动大会。书记部发函之期，是在"五一"之前三星期；谁知此消息传出后，不论接到或未接到通告的工会，都大为欢欣，竞派代表与会。北京、天津、唐山、长辛店、山东、武汉、长沙、江西、南京、上海各处派代表赴粤者三四十人，加上广州各工会代表，合计竟达百六十余人，代表工人三十余万，不可谓非吾国劳动阶级一大觉悟。

此次大会，各省代表提出议案甚多。经审查委员审查结果，或归并，或注销，认为可以成立者只十余案。逐日付议，皆能仔细讨论。计议决共十案，分列于下：

（一）罢工援助案（中国劳动组合书记部代表李启汉提出）。

（二）八小时工作制案（提出人同上）。

（三）全国总工会组织原则案（长辛店京汉路工人俱乐部代表邓重远提出）。

（四）订定中国劳动歌及劳动旗帜案（唐山京奉路机务同人联合会代表李树彝、徐家棚粤汉路工人俱乐部代表吴海堂共提出）。

（五）湖南劳工会黄庞二君被杀及香港罢工沙田海员被杀案（湖南劳工会代表张理全、中华海员工业联合总会代表苏兆征共提出）。

（六）组织全国人力车夫联合会案（汉口人力车夫总会代表彭大汉提出）。

（七）中国在相当期间的劳动运动，只作经济运动、不与闻政治案（徐家棚粤汉路工人俱乐部代表吴海堂提出）。

（八）尊重劳动节及儆戒工界虎伥案（中国劳动同盟会沪总部代表谭竹轩提出）。

（九）规定第二次全国劳动大会案（广东中国机器总工会代表邓汉兴提出）。

（十）全国总工会未成立以前，请中国劳动组合书记部为全国通讯机关案（公众临时动议）。

以上十案，皆极重要。就中以"罢工援助"及"全国总工会组织原则"两案尤为尤有关系。闻并决定明年在汉口举行第二次大会云。

（上海《新申报》，1922年5月24日，第二张第三版）

全国总工会之组织

以产业组合为原则

国闻通讯社云,此次"五一"节全国劳动大会开会,已将组织全国总工会一案全体通过,现正分头从事筹备,其办法如下:(一)凡能采用产业组合方法者,均用产业组合法以组织工会;(二)如实际上确有困难时,则可用职业组合;(三)各地方之产业组合工会,与职业组合工会,组织联合会;(四)待各地方联合会组成后,再由联合会推举代表,合组全国总工会云。

(上海《申报》,1922年5月24日,第十四版)

空前的全国劳动大会

召集时间仅三星期

出席代表百六十人

议决提案计有拾种

  中国这个地方，万事皆落人家后头，即就劳动阶级而论，别国组织工会、工团、工党，已是如火如荼、光焰万丈，所以有的已获得政权，改成一个劳农国家（如俄），有的已经把劳动阶级成一大壁垒，与资产阶级拼命奋斗，可以胁制政府（如英、美、法、意、日本），中国劳动阶级呢？唉，简直不忍说得。

  好了，今年五月一日，中国全国劳动者联合起来，竟在广州开了一个破天荒的劳动大会，这不是极可喜的现象吗？记者适在广州，关于此次大会的经过，知道颇详，现在略略把它写个大概，以饷阅者。

  所说这次大会召集时间极其匆促，其初不过由广州、上海、北方十余个工会感受世界潮流，都觉得有全国联络之必要，写信给中国劳动组合书记部，要求发函召集全国劳动大会。书记部彼时犹以为时间匆促，怕到的太少，或者闹出笑话，但既受各地工会的要求，却又不能不做，听说书记部发函之期，是在"五一"之前三星期。谁知此消息传出之后，不论接到或未接到通告的工会，都大为欢欣，竞派代表与会，北京、天津、唐山、长辛店、山东、武汉、长沙、江西、南京、上海,各处派代表赴粤者三四十人,加上广州各工会代表,合计竟达百六十余人,代表工人三十余万。像这样热心,不可谓非吾国劳动阶级一大觉悟。现在且把开会的情形写在下面:

首先把他们的议事日程表抄下:

日　期	时　间	事　项	地　点
五月一日	上午十时起全天	纪念"五一"节大游行	第一公园
五月二日	上午九时至十二时	行开幕礼	河南机器工会
	下午二时	赴国民党欢迎会	亚洲酒店
五月三日	上午九时至十二时	开会	河南机器工会
	下午二时	赴互助社欢迎会	东园
五月四日	上午九时至十二时	开会	河南机器工会
	下午、晚	赴总工会工人互助社、海员工会等欢迎会	总工会、亚洲酒店
五月五日	上午九时至十二时	开会、行开幕礼	河南机器工会
	下午、晚	赴社会主义青年团和机器工会欢迎会	东园河南工会
五月六日	上午九时至十二时	开会、行闭幕礼	河南机器工会
	下午	赴广州全省工会欢迎会,又赴车衣女工会欢迎会	西园车衣女工会

此次大会,各省代表提出议案甚多,经审查委员审查结果,或归并,或注销,认为可以成立者共十余案,逐日付议,皆能仔细讨论。计议决共十案,分列于后:

(一)罢工援助案(中国劳动组合书记部代表李启汉提出);

（二）八小时工作制案（提案人同上）；

（三）全国总工会组织原则案（长辛店京汉路工人俱乐部代表邓重远提出）；

（四）订定中国劳动歌及劳动旗帜案（唐山京奉路机务同人联合会代表李树彝、徐家棚粤汉路工人俱乐部代表吴海堂共提出）；

（五）湖南劳工会黄庞二君被杀及香港罢工沙田海员被杀案（湖南劳工会代表张理全、中华海员工业联合总会代表苏兆征共提出）；

（六）组织全国人力车夫联合会案（汉口人力车夫总会代表彭大汉提出）；

（七）中国在相当期间的劳动运动，只作经济运动，不与闻政治案（徐家棚粤汉铁路工人俱乐部代表吴海堂提出）；

（八）尊重劳动节及儆戒工界虎伥案（中国劳动同盟会沪总部代表谭竹轩提出）；

（九）规定第二次全国劳动大会案（广东中国机器总工会代表邓汉兴提出）；

（十）全国总工会未成立以前请中国劳动组合书记部为全国通讯机关案（公众临时动议）。

以上十条，皆极重要，就中以"罢工援助"及"全国总工会组织原则"两案为尤重要。

兹将劳动大会决议录如下。

罢工援助案　提议人：中国劳动组合书记部代表李启汉。理由：现在我国劳工运动尚在幼稚时代，能力薄弱。平时既受不正当势力压迫，在罢工时候尤受资本家欺蔑，非我工人本互助的精神互相援助，必无胜希望。故工人无论在何地罢工，应当设法援助，以达我工人牺牲奋斗自求幸福的目的。办法：（一）凡遇某地某工会发生罢工时，应设法通知全国各工会，或即以现在各地劳动各书记部暂担通讯义务。（二）凡某工会知道别处有罢工事情发生时，即通知各会员，干下列各事：（甲）一处罢工，所有工人均不得受该处东家之雇请；（乙）派人慰问，或通信慰问；（丙）派人帮忙办理事务；（丁）捐助经费以维持罢工会伙食；（戊）如东家势力强大不易压服，则举行相当程度之同情罢工。

全国总工会组织原则案　提议人：长辛店京汉路工人俱乐部代表邓重远。理由：工人阶级争斗力的强弱全视工会组织法之良窳而定。比如工会是由一种职业的工人所组织而成，则罢工运动每至一行业的工人陷于孤立而容易失败。产业组合则不然，把一种产业中的各种职业的工人联合于一个工会之中，则争斗力就异常雄厚了。故我们组织工会应当以产业组合为原则，但确实不能采用产业组合法的各种职业的工人，则仍不妨沿用职业组合法以为着手之起点。又我们工人希望将来有真正的全国劳动总组织出现，则必首先组合每个地方所有的工会（无论是职业组合或产业组合）而成为一个地方的劳动联合会，将来更由各地方劳动联合组成全国总工会，则工会的组织就上了真正的轨道，成为一个铁样的团体了。办法：（一）凡能采用产业组合法的，都应一律采用产业组合法去组织工会；（二）确实不能采用产业组合法的，不妨用职业组合；（三）务必将每个地方所有各种产业组合和职业组合的工人，将来由各地方联合会组成全国总工会；（四）在全国总工会未成立以前，先设一全国总通讯处，委托中国劳动组合书记部担任（第四项为公众临时动议，议决非原案本文）。由上面所叙看来，可知我国劳动阶级的觉悟的程度了，不是极可喜的现象吗？他们还决定明年"五一"节在汉口召集第二次大会，其召集任务仍托中国劳动组合书记部担任云。

（上海《民国日报》，1922年5月24日、25日，第六版）

中国社会主义青年团第一次全国大会纪略(节录)

一九二二年五月初旬,在广州发现两个重大会议:一个是五一至五日的第一次全国劳动大会,一个就是五五至十日的中国社会主义青年团第一次全国大会。这两个会议在中国历史上是空前的盛典,是中国无产阶级运动的第一声!

(《新青年》,第九卷第六号,1922年7月1日,第117页)

以往五次全国劳动大会概述(节录)

《东北日报》资料室

第一次全国劳动大会,在中国共产党领导下,于一九二二年五月一日至六日在广州举行。此次大会是由中国劳动组合书记部(当时中共公开的做职工运动的总机关,现在中国工人阶级和全国人民的领袖毛泽东同志就是当时劳动组合书记部领导者之一)发起召集的,到会代表共一百六十二人,代表十二个城市、三百个工会、二十万会员。大部份代表是受书记部领导的,但其中也有一部份工团主义分子,为了加强工人阶级的团结,他们也被欢迎与会,并与思想进步的代表们,享受着同等的便利。

此次大会的目的有四:(一)庆祝"五一"劳动节,(二)融和并联络全国劳动者之感情,(三)讨论改良生活问题,(四)讨论各代表提案。

五月一日,劳动大会全体代表与广州市数万工人一起举行游行示威,群众情绪极为高涨。当晚劳动大会开幕。

大会一共开了六天,由于代表们的成份非常复杂,会中不断发生争执甚至冲突,但基本上还是胜利的结束了。共通过九[①]

---

① 原文如此,后文序号仅有八个。

个决议案：（一）八小时工作制案，（二）罢工援助案，（三）工会组织原则案，（四）铲除工界虎伥（即工贼）案，（五）统一全国工会旗帜及徽章案，（六）规定海员罢工沙田烈士死难日为纪念节日案，（七）明年（一九二三年）"五一"节在汉口召集第二次劳动大会案，（八）在全国总工会未成立以前承认中国劳动组合书记部为全国总通讯机关案。其中尤以（二）、（三）、（四）三案，成为大会最热心讨论的问题，因为当时正处于全国罢工高潮中，所以这三方面最为工人群众所迫切需要的。

邓中夏同志在《中国职工运动简史》的遗著中，曾指出这次大会的两大成功：其一是"引导工人阶级开始走向全国团结的道路"，其二是"中国劳动组合书记部地位的抬高"。同时，并指出："第一次劳动大会最大的缺点，就是没有针对着罢工高潮制定一个目前斗争纲领。弥补这一缺点，则为七八月中国劳动组合书记部所领导的劳动立法运动。"大会闭幕后，书记部所拟定的十九条劳动法大纲，受到了广大工人群众的热烈欢迎和拥护，成为罢工高潮中的斗争纲领。

（《东北日报》，1948年7月29日，第三版）

中国六次劳动大会简述（节录）

　　第一次全国劳动大会，在中国共产党领导下，于一九二二年五月一日至六日在广州举行，此次大会是由中国劳动组合书记部（当时中共公开的职工运动的总机关，现在全国人民领袖毛泽东同志就是当时劳动组合书记部领导者之一）发起召集的，到会代表共一百六十二人，代表十二个城市、三百个工会、二十万会员。大会确定了中国职工运动统一团结的斗争方向，并正式决议承认书记部为全国总工会成立以前的工人运动的全国总的领导机关。

（《苏北日报》，1949 年 5 月 1 日，第二版）

附录

上海、广州、武汉、长沙应进行之工作[*]

上海方面

正在进行事件:

(一)设法组织印刷工会、电车工会、建筑工会。

(二)设法联络水手公所、沪宁铁路工会、电器工会。

(三)设法组织上海各业工会代表团,章程如下:

上海各业工会代表团简章

(1)宗旨 同人等鉴于世界潮流及中国工界状况,不得不有相当之组织,以应需要。上海为全国工业中心,兹特联合各业工会公推代表组织此团,以图树立上海总工会之基础。

(2)任务 本代表团之唯一任务,是在本团各代表自身研究及辅助各工会采取何种方法,从事劳动运动,方能得最良的效果。

(3)代表 已成立之分业工会各公推代表二人加入组织,但由一人负责表决。以后各分业工会成立时,均得照章推举代表加入代表团。

(4)职员 本代表团互选总务一人,对外代表本团;对内督理本团一切事务。文牍一人,办理书记事务。会计一人,办

---

[*] 本文原载一九八四年出版的《中国共产党第一次全国代表大会档案资料》(增订本)。

理本团会计事务。庶务一人,办理本团庶务。调查报告二人,办理团内团外一切调查报告事务。余负交际责任,并协助总务办理团内团外一切联络交涉之事。各职员皆义务职,任期半年,但得连举连任。各职员事务繁忙时,得请团内未任职员之代表相帮。再不足时,并得聘请或雇用团外人员。

(5)经费 由加入本团之各工会担任,或向外募捐。

(6)开会 本团每星期日,开常会一次。倘有重要事件发生,得由总务召集临时会议。凡开会议事均由总务主席,以出席代表多数意见决议赞否。人数相等时,则依总务意见决定。凡本团议决事件,加入本团之各工会均须执行。

(7)惩戒 加入本团之各分业工会代表,不得假借本团名义,在外招摇撞骗。一经查出,即行撤销,函请另选。

(8)地址 在上海某处。

(9)附则 本章程施行后,至有应修正时,得由代表团人数三分之一提议,经全体过半数通过修改。

(四)拟译之书如左表。

(五)女界联合会改组。

(六)社会主义青年团改组。

拟办之事:

(1)编纂劳工教科书。

(2)办劳动通信社。

(3)办劳动组织习所。

广州方面

(一)组织全省建筑工会(现有一万多会员)。

（二）改组机器工会（前由国民党人主持，今后拟运动使入吾党势力范围）有会员五千多人。

（三）办理劳动通信社。

（四）办理劳动组织讲习所。

（五）推广佛山、江门、汕头本党支部。

武汉方面（长沙方面同）

（一）办理粤汉铁路工人学校。

（二）组织粤汉铁路工会。

（一九二一年十一月）

（依照人民出版社2022年《中国共产党重要文献汇编》第一卷订正）

职工运动黎明期*(节录)

邓中夏

中国劳动组合书记部的成立

一九二一年七月,中国共产党开第一次代表大会于上海,开始成立中央委员会。大会以后,成立一公开的做职工运动的总机关,定名为中国劳动组合书记部。主任是张特立,干事为李启汉,李震瀛(脱党)等。发行《劳动周刊》。劳动组合书记部成立之后,对于上海,确有相当影响,因为上海工人经过这个机关,也逐渐有了组织了,并且还领导了不少的工人斗争。

罢工运动之蔓延

在此时期中,全国自发的罢工斗争仍不断发生,间亦有为共产党所领导的,总计大小罢工不下九十余次。这里只略述几个大的罢工。

(一)香港机器工人的大罢工。一九二○年四月,香港机器工人因米价太贵,生活困难,又因外国资本家常借口营业衰减,辞退工人,遂宣布罢工,要求增加工资。参加罢工的五千余人。

---

* 本文原载一九四八年六月出版的《中国职工运动简史》第二章。

结果,由劳资双方代表谈判。计罢工二十五日。这里须指出,香港机器工人给予香港海员不小的刺激,因而有一九二二年赫赫有名的大罢工。

(二)上海杨树浦日商纱厂大罢工。先是一九一九年长江下游一带米粮歉收,但奸商却运输出口前往日本,因此,上海米价飞涨。日本资本家在杨树浦所办的第一、第二、第三纱厂工人,因米价高涨,难以度日,要求每月每人加工资一元,厂方不允,遂于一九二〇年六月二十六日宣布罢工。结果,由厂方允许每月售与每人最上籼米三斗,不论市价如何,每斗取价八角,至米价平定为止。计罢工十三日。

(三)广州机工大罢工。一九二一年六月十四日,广州机工万余人罢工。要求增加工资,减少工作时间。罢工时与粤汉、广九、广三三条铁路上之机工一致行动,经当地政府调停,结果,加工资百分之二十至五十。计罢工三日。

(四)上海英美烟厂新旧厂大罢工。一九二一年十月二十四日,因新厂机车间与监工冲突,发生罢工。参加者万余人,结果,双方会议,和平解决。计罢工三日。

(五)粤汉铁路武长段大罢工。一九二一年十月十三日,发生罢工,要求增加工资,改良待遇。由北京政府交通部调查,结果,工人胜利。计罢工五日。

(六)陇海路铁路机工大罢工。一九二一年十一月十七日,发生罢工,全路停车。要求撤换洋总管若里,并要求恢复原薪及最发材料。结果胜利。计罢工十日。

(七)汉口租界人力车夫大罢工。一九二一年三月一日,发生罢工。反对车行增加车租。哄动了租界内五国领事,商量对付之策。此次罢工甚为壮烈，车夫被捕，乃举行了大示威游行，与租界巡捕冲突，以至流血。后经各国领事、商会、基督教青年会、洋车行经理、夏口县知事、洋务所长等会议：决定两星期不加车租，再由青年会研究善后办法，被捕车夫释放，计罢工七日。

以上七大罢工：上海英美烟厂罢工，中国劳动组合书记部是参加去领导的；汉口人力车夫和粤汉罢工完全为共产党武汉党部所领导的；陇海铁路罢工，共产党北京党部闻讯派人驰往参加则已解决。由此可见共产党在一九二一年下半年的确渐能领导罢工了。特别是武汉因铁路工人与人力车夫两大罢工，开了当地一个新纪元，职工运动从此有一个顺利的进展。主持者为林育南（牺牲）和施洋同志。

罢工运动中最早的思想斗争

我们这里首先略述当时中国知识阶级的思想斗争的概况：

一九一九年"五四"运动以后，中国知识阶级思想为之崭然一新，相率竞为新文化运动。开始尚为德谟克拉西的宣传，继而为社会主义的研究。后来社会主义的信仰者日胜一日，首先引起资产阶级学者的抗议，提出"多研究些问题，少谈些主义"（胡适之）以与社会主义信仰者挑战，于是在北京方面发生所谓"问题与主义"之争。经过一场激烈斗争后，结果，在形式上算是主义派取得了胜利。但社会主义信仰者在当时派别是极为纷歧的：有无政府主义，有工团主义，基尔特社会主义和马克思共产主义（布尔什维主义）。此外还有夹七夹八的什么傅立叶的空想社会主义，托尔斯泰的无抵抗主义和日本武者小路实笃的新村主义等。因此"问题与主义"之争以后，接着又是社会主义各派别的斗争。在此次混战中，马克思主义派在形式上曾将各派各个击破，但无政府主义在中国有最老的资格和相当的深厚的基础，特别是在广东，于是就在广东方面发生马克思主义和无政府主义之争。结果，也算马克思主义派取得了胜利。这思想上的斗争，对于当时的工人阶级，自然没有若何的直接的关系，但对于当时从事职工运动的知识份子确有很大的影响，也就经过后者以影响前者。

就职工运动本身来说，只无政府党在南方工会中有很大影响，其余各派社会主义者只是清谈并未实际参加职工运动，故北方及中部工会中的确多部分或者完全是共产党的影响。但值得我们所注意的，当时职工运动中却有另一种特殊的现象，不是什么社会主义，而是市侩的或流氓的工会主义。这种现象在上海特别明显。你如说当时上海没有工会吗？有的是！工会的招牌有好几十，自然群众是一个都没有。这都是市侩和流氓办的。他们假借工会招牌，在劳资斗争起来的时候，招摇撞骗，从中捣鬼。这种市侩的或流氓的招牌工会，的确实是当时工人组织自己阶级工会的极大障碍物，也即是中国共产党的当前大敌。所以在中国职工运动的初期中，共产党会有一次反对招牌工会的剧烈斗争，这种斗争是经过很大的努力才著成效的。

（邓中夏著：《邓中夏全集》，人民出版社，2014年，第1360-1363页）

中国第一次罢工的高潮[*]

邓中夏

高潮的总形势

一九二二年一月起开始了中国第一次罢工高潮。这个高潮一直到一九二三年二月才告终结。经过继续到一十三个月之久，大小罢工当在一百次以上，参加人数当在三十万人以上。我们先来叙述这个罢工高潮的总形势。

一九二二年一月，香港海员大罢工是高潮的第一怒涛，接着就是长江海员罢工和上海邮差罢工与日华纱厂罢工。五月，全国劳动大会后，广州发生盐业工人罢工，上海日华纱厂继续发生罢工，澳门全体华人发生总罢工，于是高潮又起了一个波峰，至六月而低落。七月，汉口钢铁厂发生罢工，工潮又高涨，此时劳动立法运动普及到全国，工人阶级有了一个目前的斗争纲领，更推进高潮上升。首先表现在八月的长辛店铁路工人罢工，接着是汉阳兵工厂罢工，上海丝厂女工罢工。从此以后，因长辛店罢工的胜利，影响波及北方各大铁路与两湖，高潮的趋势更加奔腾澎湃。九月粤汉铁路武长段再次罢工，京奉铁路

---

[*] 本文原载一九四八年六月出版的《中国职工运动简史》第三章。

山海关罢工,安源煤矿罢工,汉口扬子机器厂罢工,十月京奉铁路唐山罢工。至十月末,开滦五大煤矿大罢工,而工潮达到最高峰。开滦罢工失败,工潮已开始表示低落的征兆。上海方面所谓金银业,日华沙厂,英美烟厂工人三角同盟罢工,就一败涂地,工潮在上海表示先退。虽然如此,但在北方各大铁路与两湖,工潮仍回旋荡漾于铁路方面,十月发生京绥铁路车务工人罢工,十二月发生正太铁路石家庄罢工,次年一月发生津浦路浦镇罢工,次年一月发生花厂罢工,英美烟厂再次罢工。湖南方面发生水口山铅矿罢工。粤汉铁路武昌段第三次罢工。武汉方面,十一月发生汉口英美烟厂罢工,直到一九二三年二月,京汉铁路大罢工爆发,发生"二七"惨案,为这次罢工高潮最后的一个怒涛。从此以后,中国职工运动暂时进于消沉期了。下面我们来分别叙述各个工潮。

海员罢工潮

海员罢工,开始于香港,波及于长江,前后约经四个月。香港海员大罢工,我们准备一章详细加以叙述,这里只略述长江海员罢工。香港海员罢工胜利后,影响及于长江,于是长江亦起而斗争,原因是香港海员罢工争得的加资条约,上海中国轮船公司不肯履行。宁波海员公所乃派代表朱宝庭到香港要求海员总会派人援助。总会乃派林伟民到上海,着手组织海员工会上海支部,向中国轮船公司提出履行加资条约,资方不允,遂宣布罢工。招商局和三北公司等约二三十只轮船加入,时为三月下旬。罢工坚持两星期之久,结果胜利。中国劳动组合书记部对长江海员罢工虽未取得领导,确曾加入援助。

铁路罢工潮

在这里须略略提到过去的事,中国铁路最早的罢工,要算一九二〇年十二月粤汉铁路南段全路工程部罢工(主因在索欠薪),和于次年三月该路全体车务工人罢工(因军队殴打工人),但因偏在南方对北方铁路毫无影响。对于北方铁路有影响,当然要算一九二一年粤汉铁路的武长段罢工和陇海铁路机工罢工,我们在上章已叙述到。除此以外,还有这样的事,即一九一九年京汉、京绥两路旧交通系职员因反对丁士元将两路合并为汉库路而罢职,一九二〇年京绥路员司因请求发薪致发生冲突而罢职(这些罢职,虽然是上层老爷们的勾当,于工人无若何关系,但这称为"罢"的群众,却相当印入工人脑中)。

一九二一年中国共产党从事铁路工人运动后,开辟了一个新的局面。中国铁路上早有一种政治集团叫作交通系,以梁士诒、叶恭绰为首领。北京政府内阁虽屡有更换,但交通总长差不多总是该系充当,该系爪牙布满了各铁路,国家铁路变为该系私产。该系在铁路上的势力确已根深蒂固。此时刚在直皖战争之后,交通系得奉天军阀张作霖之助,组织内阁,总理便是梁士诒,交通部总长便是叶恭绰。共产党在长辛店开办工人学校和工人俱乐部,影响亦日益澎涨,该系岂有不知之理。因此,该系应付共产党的政策:第一便是由交通部在各路开办学校以为抵抗,他们的计划拟办学校三十余所,凡是大站都有。交通部特设职工教育委员会,开办职工教员养成所,为实行这个计划之用。首先该系便在长辛店开办职工学校,和共产党的劳动学校恰恰两相对垒。第二便是交通系指使他的爪牙(员司),以同事同乡的关系拉拢一部份工人组织团体，如在京汉路之郑州便组织"交通传习所"，粤汉路之徐家棚组织"天津同乡会"。这个团体与共产党领导的工人俱乐部，又恰恰两相对垒。很明显的，共产党与交通系成了争取铁路工人的生死仇敌。不用说共产党如要争取铁路工人，首先须将交通系打倒，因此不断发生剧烈斗争。

适逢其会，一九二二年直奉战争，直胜奉败，交通系内阁随之倒台，代之而起的为直系军阀吴佩孚御用内阁，于是交通系的职工教育计划未能实现。吴佩孚新胜之余，收买人心，通电发表四大政治主张，其中一项便是"保护劳工"。吴佩孚知道交通系在铁路上有长远的势力，同时又知道共产党在铁路上有新兴势力，于是他就企图利用共产党铲除交通系。当时共产党北京党部明知道吴佩孚的利用，然而亦乐得相互利用一下，因为在铲除交通系这一点上对于工人阶级是有利的。经过李守常同志向吴佩孚御用内阁交通部总长高恩洪建议每路派一密查员，得其允许，于是京汉、京奉、京绥、陇海、正太、津浦六条铁路都有一个密查员（守常同志荐去的共产党员）。这样一来，第一，我们可以免票来往坐车不用花钱，并且任何同志都可利用免票乘车；第二，六个密查员却有百元以上的薪水，除一定生活费外其余归党，此时，正因职工运动费用支绌，得此不无小补；第三，密查员是各路现任职员最害怕的，因此共产党员得着护符，不仅不怕人而且使人怕，得以往来各路，通行无阻。这六个密查员，当然不对任何人宣布，实际上即是职工运动特派员，主要的是在各路工人群众中活动，帮助工人组织俱乐部和进行斗争。对于交通部则选择某地为工人所最痛恨的交通系的职员，胪列其营私舞弊的罪状，作成报告送去。再则这六个密查员对交通部虽是有固定的人名，但出发各路可换别的同志，真的，这样一来，我们在铁路上的工作得到顺利的发展，差不多六条铁路都建立了相当的基础，特别是京汉铁路沿路都成立了工人俱乐部，共计十六个之多。

现在来说我们当时曾被吴佩孚利用没有呢？没有的，用事实证明是没有的，就在那个时候，北方各铁路发生风靡一时的罢工斗争，并不因恐遭吴佩孚的疑忌而来束缚自己的行动，后来京汉铁路大罢工与吴佩孚血战，更证明我们对吴佩孚没有任何的幻想和任何的让步。我们再连带说到一事，就是奉直战争以后吴佩孚想企图影响工人，甚至于制造自己的肖像徽章发给京汉铁路北段的工人，说工人帮助战争有功。是的，堂堂"大帅"赠送"下等社会"人以徽章，这算是破天荒的第一次。当时确有不少的工人把大帅的徽章佩带起来，引为荣耀。我们怎样办呢？我们向工人宣传："吴佩孚也是军阀，工人佩带军阀的肖像，是可耻的"。这样一来，工人就不佩带了，有带者必受同伴的耻笑或摔毁。这可见就在相互利用政策之下，我们自始至终没有放弃准备和吴佩孚斗争的。

这里必须指出，当时中国共产党确有一种机会主义的倾向，这种倾向就是以现今共产主义叛徒陈独秀做代表，他当时对于吴佩孚确有很大的幻想，而有所谓"孙吴联合"的主张。北京方面李守常同志是同意此种主张的。吴佩孚四大政策之"保护劳工"一项，确是李守常同志经过他的老友白坚武（吴佩孚幕下的政治处长）建议于吴佩孚的。但是这种倾向，对于当时做职工运动实际工作的同志确是不生丝毫影响。陈独秀在京汉罢工失败以后,他在上海用共产党的名义发表宣言,说什么"不反对那些开明一点进步一点的较开明较进步的党派和势力",采用假仁义的"保护劳工政策""有时并须帮助这支势力",这只是陈独秀把自己机会主义的观点全盘托出罢了,于当时职工运动的实际政策毫无关系。

现在要来说到铁路罢工潮了。

首先是八月二十四日长辛店的罢工,这次罢工是北方铁路罢工潮的起点。这次罢工参加者有三千多人,支持两日,绝断南北交通,虽有军队干涉,但工人毫无所畏,终使路局屈服。胜利条件如下:

(一)开除总管郭福祥,另有数人查实撤革。

(二)工人俱乐部有推荐工人之权。

(三)北段自九月起,中段自十月起,南段自十一月起工人每日加薪一角。

(四)短牌换长牌,从九月起,凡作工过二年者一律改为长牌。

(五)司机工薪凡递进至最高工薪者即为头等工资。

(六)凡奉直战争开车升火工人,应开单候奖。

(七)北京琉璃河,高碑店等处,须盖立官房,以便开车工人休息。

(八)长辛店酌筑休息官房。

(九)工人因公受伤者,在害病期内,不得扣薪;并承认在罢工期内不扣薪。

这里须特别指出的,即中段与南段的工人并未参加罢工,然而罢工胜利的条件,连带使中段南段的工人亦得增加工资,不消说，这使全路工人发生休戚相关的深刻印象。这就可以解释统一全路总工会为什么首先成为京汉铁路工人的迫切要求，以至于为了成立总工会，不惜与军阀搏战，作最大的牺牲。

长辛店罢工胜利后，很快的就传染到了各路。

接着就是九月四日京奉铁路山海关机器厂工人的罢工。火车未停。工人要求斥革工头，改良生活。结果路局与工人代表会议承认条件，计罢工八日。

再接着是九月八日粤汉铁路武长段全路的罢工。因监工虐待工人而起，军警干涉，伤毙并逮捕工人。工人得各路工人及武汉工团之助，结果监工查办，被捕工人释放，并承认工人要求，分别加资。计罢工二十七日。

与山海关约定同时并举的本有京奉路唐山制造厂工人，因准备不及，延于十一月罢工，火车并未停，参加者二千余人。要求增加工资，改良待遇，承认工会等。结果，相当胜利，惟承认工会一项未得。计罢工八日。

十月二十七日京绥铁路全路车务工人罢工，参加者一千余人，亦系要求增加工资，改良待遇，结果完全胜利。计罢工二日。

十二月十五日，正太铁路石家庄机器厂工人罢工，火车全停，参加者一千余人。要求与京绥路大致相同，惟多提承认工会，结果完全胜利。计罢工二十一日。

一九二三年一月九日，津浦铁路浦镇机器厂工人联合浦口码头工人罢工。南段火车停止，参加者二千余人，要求大致与上相同，结果相当胜利。

一月六日，粤汉路徐家棚工人罢工，参加者二千余人，要求增加工资，结果相当胜利。

此外还有一月十六日京汉铁路刘家庙车站因反对兵士殴伤工人而罢工一日。

最后便是二月四日京汉铁路全路总罢工,下面第七章再专门叙述,此处不赘。

总起来说,除东三省云南广东不计外,北方及中部各铁路,只沪宁、沪杭、胶济、南浔未发生罢工,京汉路和粤汉路武长段均全路加入。京奉路只山海关、唐山两处罢工,甚至并未停车。无论如何,铁路罢工潮激动了每个工人的心胸,数千年麻痹自卑的劳动者到此时的确逐渐觉醒起来了,也就因此迅速的从改良生活的经济斗争,一跃而到反对军阀争取自由的政治斗争。这一跳跃的具体表现,就是最后发生的京汉铁路大罢工(详后)。

矿山罢工潮

此时矿工罢工的共有三处,直隶的开滦五大煤矿,江西安源煤矿和湖南水口山铅矿。

首先是安源煤矿罢工。安源煤矿为汉冶萍公司之一部。汉冶萍公司为中国有名的钢铁企业,在大冶取铁,在安源取煤,运到汉阳炼造。安源有工人一万二千人,每日可出煤二千多吨,其中烟煤约七八百吨。共产党湖南党部于一九二二年一月在此地设立工人补习学校,主持者为李能至(立三)同志。过两月即筹备工人俱乐部,至五月一日正式成立。七月间汉阳钢铁厂罢工胜利消息到后,因其同属一个产业,故感受到极大的影响。遂于九月十三日罢工,株萍铁路为该矿专门运煤所筑亦同时罢工。在罢工中表示群众高度的热忱与勇气,经过五日,终使路局屈服，承认工人十三条件，最主要的是承认工人俱乐部有代表工人之权及增加工资，完全胜利。

十月二十三日开滦五大煤矿罢工，更是光芒万丈，下面第六章再专门叙述，此地不赘。

继安源而起的有十二月水口山铅矿罢工，其雄壮不亚于安源，其条件大致与安源相同，结果胜利。主持者为蒋先云同志（蒋同志死于武汉北伐之役，时为张发奎军队团长之一）。

武汉罢工潮

在中国第一次罢工高潮于武汉方面发现一个令人不可逼视的狂潮，以工业中心城市的罢工潮而论，当时应首推武汉。

一九二一年冬粤汉铁路和人力车夫两次罢工，便预报潮汛之将至。到一九二二年下半年，罢工运动澎湃一时。这里只叙述几个大的罢工。

首先是七月汉阳钢铁厂罢工。上面叙述安源罢工便已说到汉阳钢铁厂是汉冶萍公司之一部，它与汉阳兵工厂是武汉两大五金工厂，自然在武汉方面有举足轻重的势力。这次罢工要求增加工资与改良待遇。该厂有大规模的熔铁炉，如继续一星期不升火，便会凝冻作废，也就因此迫得资本家不得不承认工人条件，故只五日便已解决。接着就是八月十三日汉阳兵工厂罢工，要求增加工资，军队干涉，伤工人若干名，毙三名，工人炸毁一部分机器，结果相当胜利。

九月二十三日，汉口扬子机器厂罢工，帮助粤汉铁路罢工外，并提出增加工资条件，结果亦得胜利。

随后就影响到轻工业。十月十九日汉口英美烟厂罢工，参加者三千余人，亦要求增加工资，得到胜利。计罢工十三日。后来因厂方不履行条约，于次年一月作第二次罢工，又得胜利。计罢工二十八日。

一月十一日汉口花厂罢工，参加者三千余人。起因为厂主反对工人组织工会，工人罢工对付，结果胜利。计罢工八日。

此时局部的小罢工很多。最后就是二月援助京汉铁路的全市总同盟罢工，包括各业工人，其详叙于第七章中，不赘。

武汉方面所有的罢工，几乎全为当地共产党所领导，未遇见任何竞争者。

湖南罢工潮

与武汉争辉并美的，便是湖南罢工潮。湖南本非工业区域，比之武汉相差很远，此地除一个纱厂外，尚有造币厂、黑铅炼厂数家，其余则有三个大的矿山：安源之煤矿、水口山之铅矿和安化之锡矿。

如说共产党在武汉方面没有遇着竞争者，那么，在湖南方面就恰恰相反，劈头就遇着竞争者——而且是非常强固的竞争者。

先共产党湖南党部还未成立之时，便有无政府党人在此活动，其首领为黄爱、庞人铨。一九二〇年他们便组织湖南劳工会，两年以后约有工会二十，会员七千人。

一九二一年共产党湖南省党部成立之后，便着手与黄、庞携手合作，真的，黄、庞那时候曾倾向过共产党，在他们被杀之前二月确曾介绍过加入社会主义青年团（黄、庞被杀后，无政府党人争着黄、庞是纯粹的无政府党，不是共产党。其实黄、庞不失为为工人阶级利益而牺牲的有价值的战士，而无政府党人后来借黄、庞之死，在外敛钱自肥，以致晚节不终，投降杀黄、庞的军阀，实属可耻）。湖南劳工会的基础便是那个唯一的纱厂（华实纱厂），一九二二年一月发生罢工。

罢工的原因在于工人要求奖金和一个月双薪。参加者二千多人。华实纱厂实际即政府企业，省长赵恒惕派兵镇压罢工，开枪击伤工人数十名。虽然如此，但工人依然坚持，赵恒惕不得已承认酌给奖金。罢工工人虽然胜利了，但他们的首领黄爱、庞人铨却于罢工解决之后，被赵恒惕逮捕，推至浏阳门外斩首。黄、庞因此便做了为工人阶级牺牲的英雄。

黄、庞被杀后，湖南劳工会亦遭封闭。但黄、庞被杀却引起社会的不平。因为当时湖南省刚刚宣布省自治。赵恒惕制定什么省宪，亦曾冠冕堂皇地规定人民得有什么自由权利的条文，这样一来省宪的假面具完全揭开（本来赵恒惕宣布省自治就只是军阀割据的护符）。

共产党湖南党部便发起"驱赵恒惕运动"。这一运动不仅限于湖南，而且波及省外各埠，影响甚大。

黄、庞被杀以后，职工运动遭一顿挫，所谓湖南劳工会分子皆逃亡在外，但共产党员却并不跑，在白色恐怖之下做极困苦艰难的工作。过数月后，开始罢工斗争，最大的当然是安源煤矿和水口山铅矿的罢工。我们在上面已经叙述过了。总之，一九二二年下半年，是湖南罢工潮最澎湃的时期，手工业工人和苦力几乎全部罢过工，而且是联合全市小作坊小铺店的同盟罢工。罢工大半胜利。湖南罢工潮也因京汉铁路大罢工失败而归于停止。

上海罢工潮

上海本为全国工商业中心,但在此种罢工高潮中,却不及内地远甚。其原因:第一、上海为帝国主义的大本营,帝国主义在本国已积有百数十年压迫罢工的经验,对付中国新生的幼稚的罢工运动自然是优有余裕。真的,我们要承认那时真不是他们的敌手。至于内地,我们固然幼稚,军阀官僚资本家对于压迫罢工也同样没有经验,所以当时罢工往往在内地胜利,而在上海则否。第二、上海工人成份比起铁路工人来,女工童工极为充斥,如纱厂百分之九十是女工,丝厂则常常是百分之九十九,而且其中有一半是童工。女工童工的觉悟力与战斗力当然不及成年男工。那时帝国主义对付罢工最主要策略有三:(一)无论如何不让罢工胜利,不与工人订立条约,宁愿听其多罢几天工,宁愿罢工解决后由厂方自动加资,意思就是加资不是由工人斗争得来的,而是由于厂方"恩赐"。(二)无论如何不让工人组织工会。(三)即使有时对工人让步,但以开除罢工领袖为交换条件,自然开除工人领袖多以别项美名(如"调工作","自动辞职"等)为欺骗。我们遇着这样的强敌,真使我们难于应付。虽然如此,但上海工人阶级仍曾表现其好身手,仍是屡跌屡起的前进,最明显的例子,是日华纱厂两年之内发生八次罢工。我们这里来叙述一九二二年的罢工潮。

二月上海有两个纱厂的大罢工。一个是上海第二纱厂,因为工人家属送饭时资本家恐怕偷纱,不许入厂,工人大愤,二日起罢工,参加者一千四百多人,计罢工三日。另一个是三新纱厂,工人要求增加工资,十一日起罢工,参加者共六千多人,结果被租界巡捕压迫而失败，计罢工二十日。

四月十六日，日华纱厂罢工，参加者三千八百多人，要求加资，结果胜利。

四月二十四日，邮差罢工，参加者七百余人，反对增加保证金及储蓄金，并要求增加工资，减少工作时间，结果胜利，罢工二日，工人组织工会。

这两个胜利的罢工，可说给上海工人及附近的工业城市，如苏州，无锡等处不少的影响，数月之内发生无数的罢工。

全国劳动大会后，五月二十日，日华纱厂又发生罢工，因经纱间要求按件付工资不遂而起。工人组织工会，巡捕拘捕工人，上海南京各团体纷纷援助。结果前一次加资一律有效，罢工期内发二日工资，经纱间女工技精者按件计资，但工人领袖自动辞职，工会不准存在，计罢工十五日。

罢工潮既日盛一日，上海工部局查封中国劳动组合书记部，并逮捕李启汉同志，罪状是"煽动罢工"、"扰乱秩序"，判处徒刑三月，永久驱逐出租界。帝国主义驱逐李启汉同志，并不是真驱逐，而是递解中国官厅，并授意中国官厅，将他永远监禁。当时上海护军使何丰林仰承帝国主义意旨，不加审问，将李同志脚镣手铐送入大狱，时经两年，百计营救无效，直到一九二四年江浙战争起，李同志方始放出来，坐狱最早最苦的同志，要以李启汉同志为第一人。

八月五日，丝厂女工大罢工，参加者一万余人，要求增加工资及减少工作时间，结果被警察干涉。罢工只三日而失败。

从此，罢工便趋向低落了，最后发生的所谓三角同盟罢工，即金银业、日华纱厂、英美烟厂三罢工是也。

十月七日，上海金银业罢工，参加者数千人，要求改良待遇，承认工人俱乐部，增加工资，减少学徒年限，废除包工制等，支持二十七日而失败。

十一月一日，日华纱厂又罢工，参加者三千多人。要求启封工会，被军警压迫而失败。

十一月二日，英美烟厂罢工，参加者九千多人，要求增加工资，改良待遇和启封工会，结果，亦遭军警压迫而失败。这三个罢工失败后，上海罢工工潮遂一蹶不复振了。

广东罢工潮

广东罢工潮比上海还要落后，其原因是共产党广东党部很弱，而且夹有极大机会主义成份。代表人物即现今国民党改组派的陈公博。他当时主张"联陈倒孙"，后经共产党中央派人前往纠正，开除陈公博及其信从者出党，自经此事变后，党部方稍能对外发展，但领导罢工仍属软弱无力，广东自发罢工也有，均无若何结果，大的罢工有两次，即盐业罢工和澳门罢工。

五月十二日，广州盐业工人罢工，其时为国民党政府，中国有名的老外交家伍廷芳为省长，但此次罢工却是经伍廷芳之手压迫下去了，甚至于还实行取缔工会条例。

五月二十九日，澳门全体华人总罢工。澳门系葡萄牙帝国主义的租借地，此次罢工因西人侮辱中国妇女，有华工见而殴之，被租借地政府拘捕，华人请愿释放，遭枪击，大愤，全体华人罢市罢工。由广东政府交涉，但广东内部不久发生政变，无结果，罢工自行溃散。

中国劳动组合书记部在罢工高潮中的领导作用

全国罢工高潮的状况我们已大致叙述过了，现在来叙述当时工人组织的状况。

首先须叙明中国劳动组合书记部在罢工高潮中的领导作用。

中国劳动组合书记部（以后简称书记部）在当时中国工人群众中的确有很大的威信，在第一次罢工高潮中确起了先锋的作用。一九二二年第一次劳动大会（后面第五章还要专门叙述）就是由它发起的，而且在这次大会上通过它为全国总通信机关，俨然成为全国工会的总领袖。在大会以后，书记部由上海迁到北京，改为总部，总主任为邓中夏同志。并于上海、武汉、湖南、广东、济南设分部，上海分部主任为袁大时（现已叛变），武汉分部主任为林育南同志，湖南分部主任为毛泽东同志，广东分部主任为冯菊坡（一九三一年已离开了党），济南分部主任为王尽美同志（现已死）。书记部迁往北京，为的在当时罢工高潮中，北方铁路做了骨干，迁往便于就近指挥。真的，书记部当时确成了罢工的唯一领导者，在那样紧张的罢工潮中，书记部的工作不用说是万分忙碌，差不多天天有特派员派出，遑遑于火车轮船道中；书记部的总机关报即为《工人周刊》，其他分部亦有机关报。第一次劳动大会的缺点，在于没有一个工人目前斗争的纲领，书记部是补救了这一缺点，其时适值国会重开，书记部乃发起劳动立法运动，提出劳动法，实际即斗争的纲领，并号召全国工会为此纲领而斗争（参看后面第五章），也就因此把全国工人罢工斗争的意志统一起来；而同时全国的罢工，差不多都得了书记部（总部或分部）的指导，因此书记部的信仰越发增高起来,有不少的地方罢工胜利后,由工人群众提议捐助书记部的经费,即此一端可概其余了。

两大地方组合与两大产业组合

在罢工高潮中,固然,多数是先有组织而后罢工,但亦有不少组织是成立不到数日便罢工的,或罢工时开始成立组织的,甚至还有罢工前后均无组织的。这样一个大的缺点,当然是书记部首先须以全力克服的。除在各地帮助工人组织当地工会外,书记部特别注意的是组成地方总工会和产业总工会。

最先成立的是武汉工团联合会,它包括有汉阳钢铁厂工会、汉冶萍轮驳工会、大冶钢铁厂工人俱乐部、下陆矿厂工人俱乐部、花厂工会、人力车夫工会、香烟厂工会、扬子机器厂工会、武汉缝纫业工会、武汉轮驳工会、江岸铁路分工会、徐家棚铁路分工会、武昌机器工会、机器缝纫工会、蛋厂工会、西式皮鞋工会、武汉电话工会、洗衣工会、武汉调剂工会、建筑工会二十个工会,会员三万余人。

其次成立的是湖南工团联合会,它包括有粤汉铁路岳州分会、粤汉铁路长沙分会、造币厂职工俱乐部、铅印活版工会、黑铅炼厂工人俱乐部、人力车夫工会、土木工会、理发工会、缝纫工会、笔业工会,安源矿工俱乐部,水口山铅矿工人俱乐部等等十四工会,会员亦达三万余人。

再其次成立的是汉冶萍总工会,包括汉冶萍总公司整个企业,计有汉阳铁厂工会、大冶钢铁矿工人俱乐部、安源路矿工俱乐部、下陆铁厂工人俱乐部、汉冶萍轮驳工会,于十二月十日开成立大会。

最后就是筹备成立全国铁路总工会,这里有一个困难,即各路工会组织发展是不平衡的。北方京汉铁路算是沿路经我们的手组织起来了。但京奉则只有唐山、山海关、天津、丰台有我们的组织,关外没有。津浦路只南段的浦镇、浦口和中段济南有我们的组织,其余各站不是没有组织,便是工头组织。泰安某工头承交通系的意旨还宣布成立全路总工会。京汉路则机务车务机器厂分成三部,车务和机器厂有我们的组织,而机务则在交通系走狗之手。陇海路上的罢工,本为工头领导,故工会亦为工头把持、分化的结果,洛阳完全为我们所有,其余各站则我们的影响极微。正太路只石家庄、阳泉有我们的组织。道清路粤汉路和株萍路北段则全有我们的组织。其他如沪宁、沪杭,全无我们的影响。在这样状况下,马上成立全国铁路总工会当然时期尚早。开滦大罢工起,书记部召集各路代表开会于北京,本为讨论援助开滦罢工,但开会时开滦已失败,于是讨论筹备全国铁路总工会,当成立筹备委员会,并决定于最短期间内成立各路总工会,然后成立全国铁路总工会。后来京汉铁路大罢工便为成立该路总工会而起。"二七"失败后,全国铁路总工会之成立遭一顿挫。

自然那时我们在上海和广东均有这种总组织的企图,上海是没有成功,广东虽然挂起"广东工团联合会"的招牌,但实际上没有基础。

海员工会方面,香港则因我们南方党部太弱未能打入,上海虽由李启汉同志打进去了,旋因被捕,工作也就停顿。

工会组织的内容

无疑的在那样紧张那样迫切的罢工环境之下，对于组织无论如何是不精密的，又何况那时我们的经验实在太少。一般的说，那时工会只有上层组织，没有下层组织，每一工会内大概有一主任或委员长，文书、组织、宣传、庶务、调查、交际各部。大会，代表会议，委员会议都是有的，但在组织的运用上的确模糊不清。一般的说，工会的秘书，确是我们派知识份子去充当，自然经过工会的同意，这个秘书帮助工会办事，久而久之，信仰巩固，往往不知不觉的变成"秘书专政"，这是有的。至于由我们派去的同志充当工会主任，那时还是极少，有几个同志确因在罢工斗争中表现他的勇敢和能干，为群众所拥护，至选举时，群众便选举了他，并非党的委派。

工会与党

这里我们提出一个严重问题，就是我们在当时确做了一个极大错误，这个错误不在党与工会的关系，而在于当时做职工运动的同志，未曾在工会中发展党的组织。最大错误是党的关门主义，大家有这样的观念，以为工人觉悟程度还不够加入共产党，把许多在斗争中表现很好的积极分子，都推到党的门外。介绍个工会会员入党，常郑重要经过数月的考察。还有这样的可笑事，介绍工人入党必先介绍入书记部，书记部成了工人入党的经过机关。这样一来，工会与党的发展成了非常奇怪的形式，极不相应。自然当时工会中的党的组织普遍是没有，只有共产党员个人，也就因为如此对于工会的领导，只是个人式的英雄领导，而不是党的组织领导。后来，"二七"失败，工会被封，我们党在工人群众中除政治影响外，什么也没有了，当然不是偶然的，而是必然的。这个错误明显的是十足机会主义的错误。这个遗毒一直到一九二三年，北方铁路工会还有残留。

我们已经对于一九二二年的罢工潮流，有了一个一般的叙述，现在可以把当时职工运动里最大的几件事，分章的详细说一下：海员罢工，第一次劳动大会，开滦矿工罢工和京汉铁路的"二七"屠杀。

（邓中夏著：《邓中夏全集》，人民出版社，2014年，第1363-1381页）

第一次全国劳动大会及劳动立法运动[*]

邓中夏

第一次全国劳动大会之召集

中国共产党见当时罢工高潮之到来,认为有召集一次全国劳动大会的必要,于是用中国劳动组合书记部的名义发起召集。共产党召集此次大会的原则是这样的,不分何党何派,只要是工会便邀请其参加。一九二二年四月十日,便发出通告,一面登报,一面发公函,邀请全国各工会派代表到广州,于五月一日开会。通告上宣布此次大会的目的凡四:

(一)纪念五一劳动节;
(二)融合并联络全国劳动界之感情;
(三)讨论改良生活的问题;
(四)讨论各代表提案。

大会情形

此次到会的代表共一百六十二人代表十二个城市,百余工会二十七万会员。代表当然以广州香港两地点为最多,因其近

---

[*] 本文原载一九四八年六月出版的《中国职工运动简史》第五章。

便，占全体百分之八十。其来自北方及长江一带者，据记忆所及，铁路方面有长辛店、江岸、陇海、粤汉北段各工会；矿山有开滦、安源各工会；城市方面有上海、武汉、长沙、济南、太原、江西等各处工会。

五月一日，劳动大会全体代表偕同广州市工人群众数万人举行示威大游行，领头的一面大旗便是"中国劳动组合书记部"。巡行到第一公园，开大会，群众极为热烈。当晚劳动大会开幕。

大会代表成份非常复杂，就其大者而言，有共产党派，有国民党派，有无政府党派，有毫无主义和信仰的市侩的或流氓的招牌工会派，甚至还有工商合组的团体。在这样一个复杂成分的大会中，不消说会要发生冲突。就在举行开幕那一次会上，为了主席团名单的问题，便发生了剧烈的斗争，几乎把大会捣乱。主席团名单是共产党拟定而由一建筑工会的代表提出。这名单之中，共产党为了联合各派，故各派都有人在内。就中有谢英伯的名字。谢英伯隶属国民党，为一无聊政客，但此时他为广州互助总社社长，该社确已包括几十个手工业工会，举为主席团之一，确也应当。可是就因谢英伯的问题引起很大的纠纷，特别是无政府党人，那时反对"在朝"的国民党，更反对政客式的谢英伯，他们提出理由，却是从另一方面说话，主张根本不要主席团，本来"主席团"这个东西是新从苏联搬去的，中国开会旧例只有一个主席，没有什么主席团，因此不为大会群众所了解，而无政府党就利用这一点企图捣乱会场。为了主席团名单问题，争辩数小时，无结果而散。

但是共产党在大会中是有威望的。共产党的基本力量，就是北方及长江一带的工会代表（只江西和上海少数代表除外），人数虽小，却是外省来的，因此引起广州香港代表相当的尊敬。再则共产党在当时确尚非各派反对的目的物。所以大会场的布置，完全赤色，三大口号，就是"打倒帝国主义""打倒军阀""中国共产党万岁"，各派均未提出异义。也就因为共产党在大会中有极大的威望，主席团名单问题，后来成了不解决之解决。由一个共产党员主席到底，各派均无异言。

主席团问题虽然是不解决之解决了，但大会过程中却在别种问题上仍是不断的发生冲突。就中有一个问题就是五月五日为孙中山就大总统周年纪念，国民党工会代表提出全体到总统府庆贺。共产党工会代表主张自愿者去，无政府党工会代表根本反对，引起一场其势汹汹的大争论，结果，还是照共产党的主张通过。本来国民党当时所需要的只是这个"面子"问题，那时国民党并未注意这个大会，因为国民党那时根本只看见军事势力，而未看见民众势力。那一天讨论时，国民党工会代表甚至暗怀手枪入场，这可见他们是如何有决心争取这个"面子"啊。国民党工会代表之所以有如此决心，当然有他的背景，因为引领工人去庆贺，可以在孙中山面前邀功，做猎官的阶梯。

大会一共开了六天，会场上虽常发生冲突，但大体总算顺利过去。大会上给了工商组合团体的代表一打击，因为实际上他是资本家，虽则是小，所以当他登台发言时，工人们指着会场的悬额说："这里明明写'工人讲坛'不是商人讲坛，请下来吧！"

此时工会确还没有分化，广州、香港工会分明包含许多极坏的成份，然而那时他们对于外省来的代表确是"相敬如宾"，故在大会的数天内,每天晚上都有几起欢迎劳动大会代表的茶会、宴会或演剧。比方现在最反动的机器工会和广东总工会,那时也是极其客气的。而且每次欢迎席上总是请中国劳动组合书记部的代表及外省来的代表提前演说。但这里也有一个例外,就是海员工会的欢迎席上,前十名都请的是国民政府要人演说,记得轮到邓中夏时,已经是十三名了,其余工会代表签了名而竟不被主席邀请。海员工会在五一节那一天在海旁街口扎了一座雄伟奇丽的花牌楼,左右一副对联,就是"拥护三民主义","实行五权宪法"。这次欢迎会是用西式大餐,满屋悬挂青天白日旗。这些事实,都可看出那时海员工会对国民党信仰到了如何程度,这是很自然的,因为海员罢工当时的确得国民党政治上和物质上切实的帮助(请参看第四章),于是也就把阶级意识模糊起来了,又何况当时会长便是现在为全体海员痛恨的著名的工贼陈炳生,欢迎会上不把工人代表放在眼里,自非偶然。同时在另一方面,也可以证明当时共产党对于海员工会的影响又是如何的薄弱!

还有一点须补说的,国民党员在欢迎席上宣传说:"劳动大会能在广州自由开会,这就证明只有国民党才给工人以自由"。当时我们的答覆是"自由是天赋的,不是什么人给我们的"。这种见解现在看来虽觉可笑,然而也可见当时共产党与国民党争取工人影响的斗争。

大会决议案

现在我们来说到大会决议案了,可惜得很!原文完全丧失。凭能记忆的写在下面:

大会决议案共九个：

（一）八小时工作制案（中国劳动组合书记部代表李启汉提出）；

（二）罢工援助案（同上）；

（三）工会组织原则案（京汉铁路长辛店工会代表邓中夏提出）；

（四）铲除工界虎伥案（上海机器工人联合会代表许白昊提出）；

（五）统一全国工会旗帜及徽章案（提出人未详）；

（六）规定黄、庞死难日为纪念节日案（湖南劳工会代表提出）；

（七）规定海员罢工沙田烈士死难日为纪念节日案（香港海员工会代表苏兆征提出）；

（八）明年五一节在汉口召集第二次劳动大会案（大会临时动议）；

（九）在全国总工会未成立以前承认中国劳动组合书记部为全国总通讯机关案（大会临时动议）。

这些决议案一望而知不是太局部，便是太技术，然而当时大会的代表的智慧确只有此限度。不过其中须指出的，就是罢工援助案，工会组织原则案，铲除工界虎伥案，成为大会最热心讨论的问题。这是很明显的，在那样罢工的高潮中，这三样东西都是工人群众所迫切需要的。

三案的内容大致如下：

罢工援助案　理由之外，胪列具体办法：一、凡每地罢工发生，须通知各地工会，特别是中国劳动组合书记部须负此通知责任。二、各地工会得到罢工通知后,就须广为宣传,通电慰问,捐款援助,并致函该罢工工厂资本家,威责其接受罢工工人条件;又各致函各地官厅,责成催促罢工工厂资本家从速解决。三、如罢工工厂资本家执迷不悟,先由附近及有连带关系之工厂举行同盟罢工;如不解决则举行当地全市总同盟罢工;再不解决,举行全国总同盟罢工。这些援助办法在今日看来虽有可议之处,但确为当时大会代表讨论的结晶。

工会组织原则案 主要的是确定工会组织以产业组合为原则,只手工业工人方能斟酌采用职业组合。这个原则成为后来中国革命工会组织的根本观念。中国革命工会一开始就依次成立以产业为标准的组织,比之西欧工会还有一日之长,当非偶然。

铲除工界虎伥案 什么叫"虎伥"呢?中国有一故事,人为虎吃,这人的鬼魂须为虎效劳,为它另找一人给虎吃,然后才能超生。这鬼魂就叫做"伥",譬喻一个人替恶人效劳,叫做"为虎作伥"。当时还没有工贼这一名称,其实"工界虎伥"就是工贼。这案的内容就是规定如何对付压迫工人和破坏罢工的工贼。

这次大会的成功

这次大会的成功,无疑的引导工人阶级开始走向全国团结的道路,虽然这次大会有极大的缺点,但无论如何它给予全国工人的影响是极其巨大的,我们只看大会以后,中国罢工高潮便发展到最高度,就可证明。

这次大会之另一意外的成功,就是中国劳动组合书记部地位的抬高。大会通过"在中国全国总工会未成立以前,中国劳动组合书记部为全国总通讯机关"案,事实上便是公认它为全国唯一的领袖。再则每个决议案差不多都有"大会委托中国劳动组合书记部如何如何"字样,根据这些议决案,实际上中国劳动组合书记部已有指挥全国职工运动之权。

劳动立法运动

第一次劳动大会最大的缺点,就是没有准对着罢工高潮制定一个目前斗争纲领,弥补这一缺点,则为七八月中国劳动组合书记部所领导的劳动立法运动。

我在第三章便已说过,从一九一八年起,广东便已建立与北京对立的政府,以护法为号召,迁国会于广州,从此南北完全分裂。一九一八年后,南北政府双方都发生不少的政变与战争,此地当然不能详细叙述,只能略述一九二二年即罢工高潮时的政治状况,那年夏天,南北皆发生战争,北方为奉直战争,南方为孙陈战争。奉直战争的结果,张作霖失败,吴佩孚宣言恢复国会;孙陈战争的结果,孙中山被逐,陈炯明宣言取消南方护法政府。因此,国会在广东不能立足,应吴佩孚之召,重回北京,而有所谓"法统重光"的滑稽剧。国会重开,进行制宪,其实这些猪仔议员,那里能够制什么宪法!但他们既已进行,那么我们就不能不利用,故中国劳动组合书记部乘时号召全国工会举行劳动立法运动。

劳动法大纲

书记部拟定劳动法大纲如下:

（一）承认劳动者有集会结社权。

（二）承认劳动者有同盟罢工权。

（三）承认劳动者有缔结团体契约权。

（四）承认劳动者有国际联合权。

（五）每日昼间劳动时间不得超过八小时，夜工不得超过六小时，每星期应予以连续二十四小时的休息。

（六）十八岁以下的男女工人及剧烈劳动之劳动时间，不得超过六小时。

（七）禁止超过法定工作时间，如有特别事故，须得工会之同意，方可延长之。

（八）农业劳动者之工作时间，虽得超过八小时，但对于超过时间之工资，须以八小时制为标准而计算之。

（九）以法律保障农民（不掠夺他人的劳动者）之生产品价格，由农民代表提出，以法律规定之。

（一〇）剧烈有害卫生及法定之工作时间外之劳动，不得使十八岁以下之男女工人为之。

（一一）对于需要体力女子劳动者，产前产后予以八星期之休假，其他女工应予以六星期之休假，休假中工资照给。

（一二）十六岁以下的男女工人不得雇佣。

（一三）为保障劳动者最低工资计，国家应制定保障法；制定此项法律时，应许可全国劳动总工会代表出席，公私企业或机关之工资均不得低于最低工资。

（一四）各种劳动者有由产业工会或职业工会选举代表参加政府之经济机关、企业机关及政府所管理之私人企业或机关之权。

（一五）国家对于全国公私各企业，应设立劳动检查局。

（一六）国家对于劳动者，应予以完全参加劳动检查局之权利。

（一七）一切保险事业规章之订立，均应使劳动者参加之，俾可保障政府、公共及私人企业或机关中劳动者所受到的损失，其保险费完全由雇主或国家分担之，不得使被保险者担负。

（一八）各种劳动者，一年劳动期间中应有一个月之休假，半年中应有两星期之休假，其期间有受领工资之权。

（一九）国家以法律保障男女劳动者享受补习教育的机会。

劳动立法运动之扩大及其影响

书记部以劳动法大纲通知全国工会，并号召其进行此项劳动立法运动。首先响应的是唐山铁路、矿山、纱厂、洋灰厂各工会，组织"唐山劳动立法大同盟"，为大规模的示威大巡行，并通电全国各团体及国会，要求通过书记部提出的十九件劳动立法大纲。继起者为郑州铁路工会，通电全国工会一致进行，并电国会，谓书记部提出的劳动法大纲为我等工人最小限度的要求，务须完全采入宪法中。长沙亦举行劳动立法大会，并组织劳动立法的大同盟。其他各处均有大同小异的运动，皆电国会一致要求，与书记部遥相呼应。

书记部见各处劳动立法运动已发展，乃召集北方铁路工会代表到北京开会，并招待国会议员和新闻记者，作广大的宣传。

其时因吴佩孚通电中有"保护劳工"一项，于是国会议员亦有借此投机者提出保护劳工法案，当然他们所提出的与书记部提出的恰恰相反，书记部遂于招待国会议员席上作无情的批评，特别是工人代表的发言,声色俱厉,以致议员不得不当面谢过。

但国会议员历年来的无恶不作,声誉狼藉,早为全国人民所齿冷。此次宣言制宪,无非为恢复已失之声誉,根本就无意制宪,书记部所提出之劳动法当然不能望其通过。虽然如此,而这十九条劳动法大纲却深入了工人群众之中,变成了罢工高潮中斗争的纲领。

(邓中夏著:《邓中夏全集》,人民出版社,2014年,第1401—1409页)

中国劳动组合书记部成立前后[*]

包惠僧

共产党第一次全国代表会议前后的回忆（一）（节录）

（中国共产党第一次全国代表）大会结束以后，成立中国劳动组合书记部，由张国焘任主任。这个组织并没有经过大会讨论过，出版一种《劳动周刊》，发行的对象是各工厂的工人，由张国焘、包晦生（我的化名）、李震瀛、李启汉负责编辑，这个刊物开支很大，收效不多，后来又加了董锄平、许白昊，都在劳动组合书记部工作，展开了纺织厂、香烟厂、各印刷工厂的工人组织活动，在闸北叉袋角（译音）办了一个工人补习夜校，由我同李震瀛、李启汉轮流去上课。

当时的工作情况比代表会议以前是有进步，可是我们的工作仍局限于一部分工人和一部分知识分子中，对政治上的作用不大，作为一个无产阶级的政党，那是太不够了。

……

一九二一年初冬，我奉派回武汉主持党务。经过半年的时间，党团都有相当的发展，各种工会都组织起来了。汉口人力

---

* 标题为编者所起，原标题为《回忆中共第一次全国代表会议》。

车夫工会是在人力车夫总罢工之后组织起来的，由施洋负责。徐家棚的粤汉铁路工人子弟学校和工人俱乐部由李书渠负责。京汉铁路工人俱乐部江岸总部及郑州以南各站都有组织，由项英负责。其他如扬子铁厂、汉阳兵工厂都有秘密小组，工作顺利。当时武汉机关部在武昌黄土坡二十五号楼上，住在机关内的有陈潭秋、陈荫林、刘子通、黄负生夫妇及我。《武汉星期评论》的编辑部就在此处，是刘子通、黄负生负责。马克思学说研究会、妇女读书会亦附设在内，活动和范围是武高一师、一女师和武汉中学。约在一九二二年春，长沙劳工负责人黄爱、庞人铨被赵恒惕枪毙了，我党声援黄庞惨案，曾在长沙发动罢课示威活动，这一运动是毛泽东直接指挥的。赵恒惕下令缉捕，毛泽东曾避居武昌，即住在黄土坡我们的机关内部，我们住在一起十余日，我同毛泽东从第一次全国代表会议后也常有接触，要算这一次接触的时间最长，谈话的时间较多，我对他的印象也最深。

共产党第一次全国代表会议前后的回忆（二）（节录）

我们都知道共产党是工人阶级的政党，应该吸收广大的工人群众来参加，但是这一次代表会议共十三个代表都是知识分子，代表各地的党员总共不过五十余人，除了湖北区有两个失业的工人同志外，就没有什么工人，尤其是没有产业工人。这说明我们党还是在软弱无力的幼年时期。马林在他的报告中，也指明这个问题。因此，大家都认定如何深入到劳工群众中去，如何发动工人和组织工人，是我们的党当前的一个重要任务，所以把劳动运动的计划提出作为一个重要的问题来讨论。最先发言的是刘仁静,他把各国劳动运动的历史和组织形式讲了一大套,归结到我们的劳动运动要采取产业组合的方式,反对职业组合,甚至说我们要尽先把产业工人组织起来,职业工人无关紧要。周佛海译过一部社会问题概论,李达译过一部社会问题详解,他们对各国劳动运动的历史和理论也算是有点研究,也是每人讲了一套,都是空论甚多,接触到的实际问题很少。各地做实际工作的同志的意见是说中国是个产业落后的国家,产业工人较少,有很多城市没有产业工人只有职业工人,还有很多手工业工人,我们的劳动运动的总方针应该把整个工人阶级团结在一起,组织起来。产业组合固然好,但有些职业工人没有什么产业的凭借,如码头夫、黄包车夫等就不能采取职业组合的方式了。毛泽东也是同意这个意见。辩论了很久,终于是决定采取产业组合的方式。关于劳动运动的总方针也写了一个文件,大意是:(1)组织起来;(2)经济斗争(增加工资,减少工作时间,工人福利等);(3)政治斗争(工人集会结社的自由,罢工请愿的自由等)。这一个问题讨论了很久。最后张国焘说,马林对这个问题还有意见,今天讨论的结果留在下次开会时马林出席再作决定。

勘察上海革命纪念馆后的补充意见(之二)

至于中国劳动组合书记部方面:

中国劳动组合书记部约在一九二一年七月底八月初成立的。成立之先,没有经过全国代表大会讨论,也没有经过中央委员会讨论,完全是张国焘秉承马林的意见组织成立的,起草了一个劳动组合书记部组织大纲,张国焘召集我们几个工作同志提出讨论过。参加这个会的有我和李启汉（李森烈士，湖南江华县人）、李震瀛，还有的人我记不清楚，李达、周佛海没有参加，因为这是属于组织部门的工作。我们对于"劳动组合书记部"这个名词的不通俗，也可以说很费解，提出了不同意见，并提出了修正意见。张国焘不肯修改，他到了没有办法的时候，就说这是马林的意见，我们不好变更，所以就用了这样一个不中不西的名词。劳动组合书记部组织大纲也是马林用英文写了一个底稿翻译成中文，对原意修改不多，提出讨论时也没有修改，不过是宣布一下而已。劳动组合书记部的筹备，是在中央工作部进行的，地点是在韩德里附近的一个新建的里弄，我的印象好像是叫"新韩德里"，是相连的两栋一楼一底的房子，一栋是周佛海（住楼上）、刘仁静（住楼下）住，一栋是张国焘住（组织部）。我们开工作会议，是在张国焘住的房子里。劳动组合书记部正式成立后，在北成都路距离苏州河不远的一个里弄里，租了两栋房子，一栋是李启汉住在里面，另一栋是李震瀛住。不久，董锄平（改名董冰如，现在中央劳动部工作）、许白昊也被吸收到劳动组合书记部工作，另外在北成都路与北四川路的中间一个当街的里弄里租了一间……作为《劳动周刊》编辑部，这里只有张国焘、我及李启汉在这里工作，是比较秘密的，我们三人经常在此开会。《劳动周刊》的通讯处是在马霍路马德里一个两楼两底房屋的楼上的一个统楼（我记得是十三号，前天去勘察的像是三号），是我住的地方。柯庆施、丁勒生也在这个房子里住过。我在陈独秀家里（渔阳里二号）被捕时，就是住在这里。《劳动周刊》的收件与发行人是鲍一德，是我的化名。编辑人的排列是：张特立（国焘）、包晦生（惠僧）、李启汉、李振因（瀛）、董锄平。劳动组合书记部的工作对象是杨树浦一带的烟草工人、机器工人、各印刷厂的印刷工人、叉袋角纺织工人。我们在叉袋角办了一个工人夜校，李震瀛、李启汉轮流住在里面，经常与工人联系，我每星期去上两次课，我讲政治常识和劳动组合一些有关的问题，在上海本埠的工作大体如此。在全国各地的发行计划，是确立在北京设一个支部，由罗章龙负责（名义支部主任）。中间设一个长江支部，地点在武汉，由包惠僧负责（名义同前）。南方在广州设一个支部，谭平山负责。我是在渔阳里二号被捕，出来约在二十日左右，时间是在十月底。十一月初，中央派我到武汉工作，负责建立长江支部，展开武汉工运（详见我的回忆录之二）。南方支部参加了海员罢工，北方展开了铁路工人的组合，劳动组合书记部起了一定的作用。

在一九二二年夏天，我党领导在广州召开了全国劳动代表大会，决议组织全国总工会。经过了一个相当长的准备时间，全国总工会宣告成立，所有劳动组合书记部的工作任务转交全国总工会负责，劳动组合书记部工作即告撤销。时间约在一年半左右的光景。一九二三年我在北京区负责，一九二三年冬至一九二四年春夏之交我第三次在武汉负责的时候，就没有劳动组合书记部了。

1954 年 3 月 18 日
于上海大厦 11 楼 7 号

（《包惠僧回忆录》，人民出版社，1983 年，第 7—35 页）

中国工人阶级第一次大团结

刘达潮

1922年开始到1923年间,在中国共产党的领导下,全国各地的工人运动不断地发展。各地不但纷纷成立了各种工会组织,并且还有30多万工人进行了一百多次罢工斗争。但是,当时的工会组织还是很不健全的。党为了把全国的工人阶级团结起来和组织得更好,并且为建立全国工人运动的领导机关作好准备,中国劳动组合书记部在1922年5月1日,在广州召开了第一次全国劳动大会。

那时,我正在香港"俄国皇后号"轮船上做工,海员工会派我为香港海员代表,出席了第一次全国劳动大会。出席这次大会的代表共有162人,代表12个城市、100个工会、27万会员。代表以广州、香港和上海的最多,我们的工运领袖苏兆征、朱宝庭同志也参加了。

"五一"劳动节那天,第一次全国劳动大会在广州开幕。会场的布置全是红色,光彩夺目。到会的代表非常复杂。其中有我们党领导的工会的代表,有进步工会代表,还有国民党的官僚、政客,有无政府主义者,等等。因此,在第一天的大会上,为了选举主席团的问题,争吵得很厉害。可是,还是共产党的威信最高,最后,还是由中国劳动组合书记部的代表、共产党员当主席。记得大会的口号是"实行八小时工作制"、"拥护产业工会"、"拥护共产党"、"中国共产党万岁"等。大会并号召：全世界工人团结起来。同时，还准备组织全国总工会。当时，苏兆征同志在大会上发言很热烈，提了许多意见。

大会开幕那天，全体代表和广州的工人群众共几万人举行了示威大游行。游行队伍从会场出发，举着红旗，沿途高呼口号。队伍浩浩荡荡地经过了许多街道，沿路成千上万群众夹道观看。东教场上还搭起了一个讲台，队伍到了那里，代表们就上台去演讲。游行到约两点多钟，情况非常热烈。大会期中，我们还聚过餐，看过一次剧。

大会共开了六天。大会号召全国工人阶级团结起来，统一起来，壮大工人阶级的组织力量。大会还通过了八小时工作制案、罢工援助案、全国总工会组织原则案、规定第二次全国劳动大会案，并且还决定全国总工会成立以前，由中国劳动组合书记部为全国通讯机关。

大会结束以后，我们回到香港，把大会的精神向海员们传达，并且发起组织工团总会，团结全港工会。第一次全国劳动大会以后，香港海员的罢工斗争更迅速地发展起来，工会的组织也更加壮大了。

田羽记

（《中国工人》，1957 年第 22 期，第 11 页）

第一次全国劳动大会和社会主义青年团第一次代表大会（节录）

C.A. 达林

南方的现代工业无产阶级很少。中国南方基本上是手工业和中世纪纺织业的地区。因此，就连工人组织的形式，那时也还不能摆脱中世纪的束缚。不久前，这里还完全保留着作坊和小业主与工人都能参加的行会。

现在这样的行会几乎不存在了，小业主们被从工会中赶走，但是这种组织原则还保留着。职业分工仍是工会组织原则的基础。比如说：手车夫工会、茶居工会、厨业工会、船务栈房工界联合会、海员工会，等等。那时，仅广州一地就有一百三十四个工会之多。

工人必须取得工会会籍，不是工会会员找不到工作。

广州的工人们习惯戴芦苇编的斗笠。南方的太阳耀人眼目。白天不能看柏油马路，因为每一块玻璃、每个小水洼都反光，很刺眼。在那里几乎没有希望找到阴凉处。斗笠遮住了工人裸露的上身免受太阳曝晒，使他们不致中暑。工人们头上戴的大芦苇草帽没有使我惊奇，但草帽上用黑漆写的很大的汉字却引起了我的注意。原来，帽子上的字标志着属于哪个工会。带字的帽子——这是独特的会员证。每个失业的工人，如果遇到本工会有工作的会员在吃饭,就有权在一旁坐下,而那些会员必须把自己的食物分给他吃,这是习惯。

这是一个多事之秋。不久前,历史性的香港罢工结束了。工人们取得了胜利。罢工者反对英帝国主义,因而得到了广州资产阶级的支持。它曾给罢工的工人们以物质援助。国民党和孙中山政府也支持工人。

当然,这种态度赢得了工人们对国民党和孙中山政府的好感,并很快就表现出来了。极其困难的财政状况迫使政府决定发行纸币。在此以前,只是私人银行有权发行纸币。

中国的货币是各式各样的。在兑换纸币的时候,人们首先要注意,这些纸币是由哪家银行在哪个城市发行的。在大城市里,日本银行和某些中国银行的钱是不易流通的。

广州资产阶级宣布以七十分兑换政府一元来抵制广州政府的纸币。由于资产阶级抵制纸币,它同工人的关系就紧张起来了。工人们要求资产阶级接受他们从政府领得的纸币。

激烈的斗争开始了。事情闹得不可开交,砸了店铺。斗争以工人胜利而告结束。纸币也按票面价值兑换了。局势缓和下来,但这是暂时的。资产阶级决定变换手段破坏政府发行的纸币。各种商品都开始涨价,起初不明显,过了两周,各种商品的价格就上涨得相当可观了。商品涨价实际上意味着工资降低,这引起了工人们的不满。分散的罢工时而在这里,时而在那里不断爆发。后来罢工运动发展为群众运动。又因为发生罢工的那些企业,其资方往往是国民党员,孙中山的反对者们就试图利用罢工运动去反对政府。南方的和平被破坏了。工人们对国民党的热情冷却下来。就是在这样的形势下,广州举行了

"五一"劳动节的庆祝活动,召开了第一次全国劳动大会。

"五一"节那天,游行队伍沿着广州最宽阔的滨河大街行进,小船上写着革命口号的小红旗争相辉映。

工人队伍在行进,几百面旗帜迎风飘扬。每面旗上都写着工会的名称。前排的人用几根棍子抬着一面大鼓。鼓手们站在中间奋臂擂鼓。笙、笛、鼓乐交织在一起,鞭炮在脚下齐鸣。游行者拿着人工制作的狮子头,让它伴着炮鸣、鼓乐和人们的哈哈大笑张嘴闭嘴、睁眼合眼,奇形怪状的长龙在街上蜿蜒移动。

每个游行的人都拿着红纸做的小旗,上面写着:"全世界无产者联合起来!""八小时工作日万岁!""五一劳动节万岁!"

我们登上了最高的一所楼顶观看游行的全貌。这是惊人的场面。各街道都挤满了工人。一片红旗的海洋。游行队伍宛若红色的巨流。这是海员工会的队伍,队伍前面稳健地开着一艘很漂亮的大轮船模型,上面插满了旗子,由隐在船身内的几辆汽车拉动。

中小学的学生们带着乐队从城里的四面八方加入到游行队伍中来。社会主义青年团组织的队伍整齐地走过。他们的旗帜上写着"共产国际万岁!""青年共产国际万岁!""苏俄万岁!"

我们下了房顶向游行队伍集中的公园走去。社会主义青年团员们正在那里分发专门写的宣言和传单,并就地出售共产主义书籍。我从相片看出来了,这边是关于卡尔·马克思和弗里德里希·恩格斯的小册子;那边是关于卡尔·李卜克内西和罗莎·卢森堡的小册子。

我沿着公园的林荫道信步走到共产党员的队伍中。我感到人们在注视着我,注意着我的每一个动作。他们对一个外国人来参加集会感到惊讶。有人向他们说明了我的身份,于是态度马上就变了:我们友好地握起手来。

开会了。每一篇发言都是热情洋溢的。共产党和社会主义青年团的代表以及工会的领导人都先后讲了话。我永远不会忘记这次"五一"集会的一个场面,那是从华北到这里来参加全国劳动大会的一名工人在发言。

"我们宣誓,我们将万众一心为工人阶级的利益与资产阶级进行斗争……"说这些话时,他把食指放到嘴里,咬起来。经过了沉重的瞬间,他很吃力地咬破了手指,剧痛的表情掠过他的面孔。演说者拿起一小块白布,用血在上面写了"誓死斗争!"几个字。

集会结束了。游行的人们又涌到大街上。已经五点钟了,但到处仍然很热闹。入夜,游行变成了狂欢,几乎通宵达旦。

与1921年不同,当时广州"五一"庆祝活动是在国民党的领导下进行的,并有店主们参加。而这一次游行是纯粹无产阶级性质的,特别是在共产党的领导下进行的。

许多共产党员来到广州参加全国劳动大会和社会主义青年团代表大会。中国共产党中央局的两位成员陈独秀和张国焘也到会了。后者是共产党在1921年建立的全国劳动组合书记部的领导。劳动组合书记部完成了召集全国劳动大会的一切准备工作。在两个代表大会的代表中有各省党组织的领导人。

在此之前,我已经会见了孙中山。我把会见的情况告诉了陈独秀,建议召开前来广州的党的领导干部会议。

约有二十至二十五人出席了这次会议。应当指出，当时全国党员仅有一百二十五名左右。这样，全党几乎有五分之一的党员已在这里。我们开会的目的，乃是讨论党在劳动大会和社会主义青年团代表大会上应遵循的路线问题，首先是对孙中山的政府和他的党——国民党的态度问题。

广州的局势由于以下两个原因而极端复杂化：首先，广州的共产党组织支持军阀陈炯明并进行反对孙中山政府的宣传；其次是由于阶级斗争的尖锐化，资产阶级左右着国民党的政策。

我在这个重要的会议上作了报告，根据莫斯科远东革命组织代表大会的决议，我谈了关于建立工人、农民、小资产阶级和中国资产阶级关心中国的民族解放和民主改革的那一部分人的反帝民族统一战线的必要性。在发言中，我具体说明了我们将与国民党就这个问题达成协议，指出工人阶级应支持孙中山政府。

从中国共产党第一次代表大会到现在还不满一年。党员的人数不多，而且主要是一些研究马克思主义和俄国十月革命的知识分子。但是，这个党乃是中国唯一的在工人中进行宣传的政治组织，她从阶级立场出发摧毁旧的作坊和行会，她所建立的实际上是中国无产阶级崭新的组织。中国工人阶级一开始登上政治舞台，就在共产党的领导之下。中国工人不晓得有改良主义者。

现在党应该前进一大步，应该摆脱单纯的宣传工作和闭塞的小圈子式的工作方法，而登上群众性政治行动的舞台，成为中国历史的动力。欲达此目的，就要与孙中山以及他的党结成反帝民族革命统一战线。会议提出了共产党加入国民党的问题，但要以保持党在组织上和政治上的独立性为条件。在这里我想强调指出，在与孙中山谈判时所说的不是共产党员以个人身份加入国民党，以个人身份加入不需要孙中山的同意。共产党随时可以让本党的这些或那些党员大量地或少数地以个人身份加入国民党，以便在国民党内开展工作，并影响其政策。我们谈的是指共产党作为一个政党加入国民党，但是要以保持政治和组织上的独立性为条件。我们认为，这样加入国民党就是反帝民族革命统一战线的具体形式。这一点我同孙中山也谈过了。当然，统一战线要有一个前提，即国民党不应对工人运动进行任何限制，承认工人有组织工会的权力，有罢工的权力。

4月底至5月初在广州举行的共产党的会议上，关于与国民党建立统一战线的问题引起了热烈的争论。广州组织的代表不发表意见，实际上企图把全国劳动大会拉向支持陈炯明的那一边去。前面我已讲过，他们是孙中山的反对者。

以张国焘为首的另外一些与会者反对统一战线，他说是"反对和小资产阶级联合"。这些人是中国共产党内的"左倾"宗派主义者。尽管张国焘在讲话中承认，孙中山政府是中国最民主的政府，而陈炯明起的是反革命作用，但实际上他的立场对广州的代表有利，因为这种立场实质上是反对支持孙中山的。

张太雷和瞿秋白支持我，他们所持的观点是，在反帝的资产阶级民主革命阶段与小资产阶级结成广泛的统一战线是必要的，和国民党联合以及共产党加入国民党都是必要的。

关于这个问题的争论持续了好几天。陈独秀动摇不定，但在长时间的讨论以后，他认识到了统一战线的必要性。大多数与会者同意了（附有很多保留意见）统一战线的策略，但没有通过一定的决议，会议决定继续讨论。

虽然与会者之间存在重大的意见分歧，广州会议对中国共产党的历史却产生了重大的影响。共产党对国民党的政策开始转变了。在这次会议后约一个半月，1922年6月15日，中国共产党中央局发表了《对于时局之主张》的声明，表示愿意同所有的民主党派合作。这个声明得到1922年7月16日至23日举行的中国共产党第二次全国代表大会的赞同。不过，当时党还是反对加入国民党。

党内没有坚定的政治路线，以及广州党组织公开反对孙中山的斗争，都对全国劳动大会产生了不良影响。受广州资产阶级的影响，孙中山政府方面同工会的关系更加紧张起来。政府采取了限制工人运动的做法。孙中山颁布了法令，根据这个法令，工会召集代表大会必须呈请政府认可。此外，政府还有权撤销它认为不合适的工会领导机关的候选人，并将自己的代言人甚至不是工会会员的人安插进工会领导机关。

这是火上浇油。香港罢工时期形成的工人、资产阶级、国民党和孙中山政府的统一战线出现了裂痕。而且，在全国劳动大会的开幕式上，工人与政府之间发生了冲突。

当然，冲突是从选举主席团开始的。在大会上，国民党的代表大多数是依据新法令指定的。他们主要要求把该党代表选进大会主席团。这激起了代表们的愤怒，工人们严厉谴责政府和国民党。结果国民党方面的要求被绝对多数票否决。当选为主席团的主要是共产党员和共青团员。张国焘被选为大会主席。国民党人退出了会场，以示抗议，尔后再也没有露面。代表大会以"五一"游行作为隆重的开幕式。第二天，这一切就发生了。

参加代表大会的工会代表们来自全国各地,但多数是南方人。因为经费困难和警察追缉,从其它地区前来此地很不容易。大会的议事日程包括统一全国工会,为改善工人地位而斗争等问题。有一项特别议程是审议代表们的提案。

劳动大会继续进行。中共广东党组织的领导推行支持陈炯明的路线。大会主席张国焘在陈炯明的问题上与广州代表冲突起来,故而破坏了统一战线的建立。他自动放弃代表大会的领导职责,实际上不再担任大会主席。

"反正我对他们毫无办法。"他对我说,"南方人听不懂我的北方话,翻译过去又歪曲了我的意思,北方代表倒是支持我,但他们是少数。"

凡此种种,结果使代表大会在政治上没有方向,没有领导。广州代表仍然推行支持陈炯明的政策。他们能够这样做,是由于共产党领导缺乏坚定的政治路线。

劳动大会过后不久,广州党组织在陈公博的领导下开展了广泛反对孙中山的运动。在上海的党中央局收到一条提案,建议把广州党组织的领导者开除出党。但是,当时中央局没有决定采取这一步骤。只是在陈炯明占领了广州,并驱逐了孙中山政府以后,在陈公博公开地与陈炯明一起发表文章而且以此为荣时,中央局才决定将其清除出党。后来,广州的共产党组织全部解散了。

劳动大会在市中心对面珠江岸上的"莫斯科河彼岸"进行。河上没有桥,我们坐渡船来到彼岸,拐进了一条喧闹的生意兴隆的小街,最后进了一座还没完全盖好的四层楼房。代表大会就在这里进行。二楼的礼堂装饰着旗帜和许多标语。

正在讨论关于争取改善工人地位的问题。发言的是汉口来的代表——一个人力车夫，这是一个健壮、魁梧的小伙子。他在报告汉口人力车夫斗争的情况。

"人力车不归车夫所有，而是车主的，租车每天须向车主交五角至七角钱，即使挣不到这么多钱，也得如数交付。汉口有一万人力车夫宣布罢工，要求改善租车的条件。"

这位代表是这次罢工的领导者，他向大会讲述了人力车夫如何顽强地斗争，以及如何取得了胜利。

大会快要结束了，按议程应讨论有关工会会歌的问题。当时，中国工人还没有自己的革命歌曲。这个问题讨论了很长时间。后来一位代表说，他们那儿的工人们编了一首歌。他念了歌词，这首歌不能使大家都满意。

经过长时间的讨论，最后决定建议各组织向下一次代表大会推荐歌曲方案。很快，《国际歌》就被译成中文了，中国工人就唱起了这支国际工人的战歌。

大会选举了工会中央理事会后便告结束。大会决定，理事会将设在上海。南方代表们欣然同意。他们明白，如果理事会设在上海，他们将独立于理事会。南方人主张自治，反对中央集权制。

（C.A.达林著：《中国回忆录》，中国社会科学出版社，1981年，第86—94页）